JN270961

humanities

ヒューマニティーズ
経済学

諸富 徹
Morotomi, Toru

岩波書店

はじめに

どのような学問領域でもそうだが、研究者はその学問全体を鳥瞰するような包括的研究を行っているのではなく、特定の領域における特定の問題を専門としている。逆にいえば、その特殊問題でオリジナリティの高い専門論文を執筆することができなければ、研究者として失格の烙印を押されてしまう。どの領域でも、個々の研究者はある特定問題に特化して研究業績の発表にしのぎを削ることで、その学問全体としては、アダム・スミスが描いたように「分業に基づく協業」が作用し、そうでない場合よりも急速に発展する。しかし、よく指摘されるように、専門特化の弊害もある。それが進みすぎると、個々の研究者はある特定領域の特殊問題に没頭するため、その問題について語ることはできても、同じ学問の他の専門領域については無知な状態に置かれてしまう。この結果、各分野で今、どのような問題が重要問題として取り上げられているのか、そして、各分野でどのような理論的フロンティアが拡がりつつあるのかという点について、一々正確な知識を持つことはあきらめざるを得ない。結果として、その学問領域すべてに通暁したうえで、「＊＊＊学とは何か」について語ることはきわめて困難になる。個々の研究者は、広大な学問領域の中の部品の一つとして機能するに過ぎず、学問はこうした部品の単なる巨大な集塊となって、その総合性と全体性を失う。これは、グローバル化しつつ急速に進化する現代の学問の宿命だといえよう。

しかし、そうだからこそ逆説的に学問の総合性と全体性を回復しようとする学問的営為の重要性も高まってくる。しかも筆者は、単に「経済学とは何か」を語るだけでは不十分であり、もっと広く「社会科学としての経済学」という観点から、常に経済学のあり方が捉え返されるべきだと考えている。スミスが『道徳感情論』を執筆して、経済学の倫理学的基礎づけを行ったように、人文科学と経済学はかつて相互につながっていた。また、同じスミスがグラスゴー大学で経済学を、「道徳哲学」(現代の言葉でいう社会科学)の一環として法学や政治学、行政学とならんで講じていたという事実も、ここで想起しておきたいものである(『グラスゴウ大学講義』日本評論社)。つまり、現代では専門分化している経済学、法学、政治学、行政学等は、もともと総合的な社会科学を構成する一分野として、相互に有機的な連関を持っていたのである。

もちろん、本文でも議論しているように、当初は融合していた国家と市場だが、やがて市場が国家から分離し、それが自律的な機能を持つようになるにつれ、経済学が他の社会科学から分離独立していくのは必然であった。にもかかわらず市場は、企業や個人が全く制約なしに活動する場ではなく、さまざまな法や規範が設定され、彼らの行動をルール化している。その背後には正義、公正、そして権利といった諸概念が控えており、それらを手掛かりにして、人々や企業が相互に傷つけあうことなく市場での活動に専心できるような明示的、あるいは暗黙の規範が形成されている。したがって、市場の分析を役割とする経済学であっても、市場そのものが社会的存在である限り、経済学もまた、広く社会科学的視点を常に持っておく必要がここにある。

さらに、経済学にとっての「アポリア」(難問)である分配問題がある。資源配分の効率性を唯一の評価基準として全学問体系を構築している経済学にとって、「何をもって公平な分配と判断するのか」という問いに対して、学問に内在的な形で解答を与えることができない。「パレート効率性」は、平等な社会状態とも、きわめて不平等な社会状態とも両立しうる概念だからである。「公平性」や「平等」の問題について、経済学の観点から真剣に解答を与えようとすれば、経済学はその既存の理論的枠組みを乗り越えて倫理、道徳、そして価値の問題と正面から向き合わなければならない。これは、経済学を社会科学として、あるいはさらには広く「人文学(ヒューマニティーズ)」として、その総合性と全体性を回復させる契機になる。

スミスの時代とは異なって、現代の経済学はきわめて自律性の高い学問領域になっており、他の学問領域との相互作用をほとんど意識することなく学習可能である。しかも、経済学は社会科学の中でもっとも自然科学的な装いをまとい、その理論は高度な数学で武装され、実証研究は統計学的な処理を抜きにしては成り立たなくなっている。しかし、経済学がどんなに自然科学に近づこうとも、それが完全に自然科学になりきることはできない。それは経済学が人間を対象とし、そして、その人間がつくる社会を分析する学問だからである。人間は、原子のように自然法則に従って動くわけではない。天体の運行に関する予測と異なって、景気予測が常に現実によって裏切られざるを得ないのは、人間行動の背後にある動機の多様性と、それに基づく人間行動の複雑さに由来している。

したがって、「人間は自らの効用を最大化するよう行動する」という経済学の仮定は、たしかに第一次的接近としては有用だが、それだけが人間行動の動機ではない点に留意しなければならない。人間は他者のために行動することで効用を高めることもあるし(「利他的動機」)、他者と競争するだけでなく、協調したり協力を図ったりすることで、利己的に行動する場合よりも、より望ましい状態をつくりだすことができる。筆者が前著『環境』で「社会関係資本」概念の詳細な検討を行ったのは、人々が時間をかけて「信頼」を醸成し、相互に協力しあう関係をつくりだすだけでなく、そのような関係がいくつも層のように折り重なって「資本」として作用するようになることで、個人が他者のことを考慮しないまま利己的動機のみで行動する場合よりも、より望ましい社会的状態をつくりだすことができる、そういう論理を展開したかったからである。

つまり、経済学は当然のことながら、「人間」とそれが構成する「社会」について、現状の説明に満足せず不断の問い直しを行っていくべきであろう。こうして、経済学が人間を取り扱っていることが、経済学が完全に自然科学にはなりきれず、それが広く人文学とつながりながらその全体性を回復せざるを得ない根源的な理由となる。今回、筆者が本書を「ヒューマニティーズ(人文学)」シリーズの一分冊として執筆する依頼を受け取ったときに、特段の戸惑いを感じなかったのは、経済学のあり方について先述のような問題意識を持っていたからである。

実際、本書で取り扱っている経済学者たちも皆、いい意味での人文科学者、あるいは社会科学者としての全体性、総合性を兼ね備えていた。ケネーは重農学派の経済学者である前に医者であり、そして「百科全書派」に連なる知識人であった。マルクスの諸学への通暁ぶりはよく知られている通りである。ケインズも、シュンペーターも、経済学の世界を越えてさまざまな分野の知識人と交流を持ち、きわめて広範な知的活動を行った。ほんの一例を挙げれば、ケインズはオーストリアの言語哲学者ヴィトゲンシュタインと生涯にわたって交流を持ち、第一次世界大戦時に彼がイタリア軍の捕虜となったときは、自らの影響力を行使して収容所から彼を解放する手助けをし、ケンブリッジ大学に招聘することにも尽力した。また、ケインズはバレリーナを妻に持った玄人はだしの芸術評論家であり、また芸術活動のよき理解者であるだけでなく、そのパトロンですらあった。彼は、人間活動の最高の表現は経済領域ではなく、芸術領域において発揮されるとして、芸術活動をきわめて重要視していたのである。

本書を執筆するにあたって、あえて筆者が「社会科学としての経済学」を強調したのは、本書の第一義的な読者である、これから経済学を学ぶ高校生や経済学を学び始めた大学の初学生に、以上のような問題意識を持って経済学を学んでもらいたいと考えているからである。これからミクロ経済学やマクロ経済学の学習に入っていく、あるいはすでに入った読者の方々は、それらを習得するためにはいったんそのトレーニングに専心しなければならない。しかし、そもそも社会科学としての経済学は、それに対してどのような問いを立て、どのような解答を与えようと試みてきた学問なのかを、常に問い返す余裕を持って学習してほしいと思う。とりわけ、経済システムの転換点にある今、経済学のあり方を改めて相対化し、客観的にとらえなおす必要があるだろう。

本書はしたがって、「経済学とは何か」という問題を考えるにあたって、現代経済学のみをその考察の対象とするのではなく、あえて経済学の歴史を振り返ることによって、現代経済学のあり方を照射するという方法を取る。取り上げる経済学者の思想は、ケネー、スミス、リカード、マルクス、ピグー、ケインズ、シュンペーターの七名である。もちろん、彼らが偉大な経済学者だからだが、ある程度筆者の好みを反映している。

しかも、本書は単に過去の経済学者の学説を振り返ることを目的としていない。むしろ社会科学としての経済学が、問うべき根源的な問題に対して、彼らがどのような解答を与えようと試みてきたのかを検討する。経済学はたしかに時代を経るにつれてその理論的枠組みは洗練され、発達を遂げてきたが、それが問うべき基本問題は時代を通じて意外に変わらないと思う。筆者が基本問題として本書で挙げたのは、次の五つである。それは第一に市場と国家の関係、第二に自然と人為の体系、第三に金融経済と実物経済の関係、第四に経済主体の問題、そして第五に動態的視点である。これらがそれぞれどのような問題なのかについては本文で詳しく説明するが、これらはもちろん、きわめて現代的な問題意識に基づいた選択でもある。

本書の方法論は、時間軸に従って過去から現代へ向けて上記七名の経済学者の思想を順次取り上げて考察していくというものである。本書でやりたいのはそれらの経済思想をバランスよく紹介することではない。それは、経済学説史の教科書にお任せできるからである。本書が狙っているのはむしろ、五つの基本問題に対して、七名の経済学者がどのように解答を与えようとしていたのかを抽出する点にある。もちろん、経済学者によって当該問題に関して明示的に論じていなかったり、論じ方に濃淡があるのは当然のことである。しかし、本書を読んでいただければわかるように、意外に各経済学者はこれらの基本問題について、それぞれの観点からかなりのボリュームの議論を展開している。これは、「社会科学としての経済学」が、時代が変われども常にこれらの基本問題に直面し、それらに対して解答を与えようと試みてきたことを示している。それは、これらの経済学者が、それぞれの時代における最大の経済社会問題と格闘する中から理論を創造してきたことの結果でもある。

以上が、本書の執筆意図である。本書を手に取った読者の方々が、経済学を学ぶにあたって、その理論的枠組みの習得に努めながらも、常に意識を社会全体、そして人間そのものにも開いていき、経済学をその総合性、全体性の中で理解されるようになることを願ってやまない。

目次

ヒューマニティーズ　経済学

装丁　桂川　潤

一、社会認識の学としての経済学——経済学は社会の役に立つのか

(一)「科学」としての経済学

「経済学は社会の役に立つのか?」と問われれば、即座に「役に立つ」と経済学者ならば答えるだろう。実際、経済政策や公共政策を立案する際に、現代では経済学なしにすませることはますます困難になってきている。経済成長や経済安定化を図るための財政金融政策はもちろんのこと、かつては経済学の役割がそれほど大きくなく、どちらかといえば法律学が支配的だった労働政策や環境政策、社会保障などの政策領域でも、経済学の役割は高まりつつある。経済学の強みは、「資源配分の効率性(パレート最適性)」というかなり明確な判断基準に拠って鋭利に経済現象を分析し、その結果に基づいて明快な政策的含意を引き出すことができる点にある。また、定性的な分析だけでなく、計量分析の手法を用いて、政策が実施された場合の効果や、経済成長、雇用、物価、所得分配等に与える影響を定量的に評価することも可能である。こうして望ましい政策のあり方を、経済学は「定性的」な側面と「定量的」な側面の両方から分析・評価することで、人々に有用な判断

材料を提供できる点が、他の社会科学にはない経済学の強みだといえよう。このような力を経済学が獲得できたのも、一九世紀末以降、それが物理学をモデルに科学としての発展を遂げ、数学と統計学を武器にその理論的フレームワークの体系化と精緻化を図ってきたからである。今や経済学の教科書は世界を通じて標準化され、研究者は英文の専門学術誌や国際学会を舞台に、共通言語である英語を用いて理論の深化やその新しい拡張を競い合っている。そこに「国民性」はほとんど見られず、むしろ、「共有された科学的パラダイムの発展プロジェクトに参画する科学者共同体」といった意識の方が、経済学者の間では強くなっている。自然科学に比肩しうるこの強い普遍性は、他の社会科学でもある程度見出されるとはいえ、経済学においてもっとも顕著に観察される。社会科学で唯一、ノーベル賞(正確には「アルフレッド・ノーベル記念経済学スウェーデン銀行賞」)が授与される学問領域となっているのも、経済学における学問としての強い普遍性志向のゆえである。

もっとも、経済学にも問題点がないわけではない。二〇〇八年九月に起きた米大手証券リーマン・ブラザーズの経営破綻をきっかけとして拡がった世界同時不況は、その典型事例である。もちろん、この「リーマン・ショック」の直接的な責めを経済学が負わなければならないという意味ではない。しかし、この背後にあった、アメリカにおける住宅バブルの生成と投機的資金の国際的な回流に対して、もし経済学がその危険性を事前に警告し、有効な回避策を提示することができていれば、これほどの危機は発生しなかったかもしれない。残念ながら、現在の経済学の力量では、現状がバブル経済であることは指摘できても、それがいつ破綻するかを正確に予測することはできないのである。これは、景気予測がどれほどモデルを精緻化し、使用するデータを拡充しても、なかなか正確に将来を予測できないのと同様である。

なぜ経済学は、天文学が次の「日食」や「月食」の日付を正確に予測できるように、景気の予測を正確に行えないのだろうか。それは、経済学が人間の行動を扱っているからである。つまり、天体は物理法則に従って今日も、明日も、そして遠い未来も同じように運行していく。しかも、天体の運行に作用する物理学的な力は、物理学モデルにおいてすべて記述されている。したがって、天体の運行に関するモデルをいったん構築すれば、後はそれを動かすことで正確に将来を予測できる。しかし、人間は今日と明日とで異なった行動を取りうるし、遠い将来は全く予測がつかない。そもそも、人間の行動に影響を与える動機と要因をすべて経済モデルで記述することは、ほぼ不可能である。経済学では、人間は「効用」を最大化することを目的として行動すると仮定しているが、人間の行動はそれ以外の多様な動機と要因によっても説明しうる。さらに、時間がたったり、環境が変化したりすることで人間の行動は一層変化していく。こうした不確実な人間行動を取り扱う点で経済学は本質的に「モラル・サイエンス(道徳科学)」であって、自然科学とは区別されなければならないと鋭く警告を発したのは、ほかでもない、ジョン・メイナード・ケインズであった。つまり、経済学は人間の行動を取り扱う限り、どれほどモデルを精緻化し、使用するデータを拡張しようとも、残念ながら自然科学と同じ水準で正確な将来予測を行うことはできないというわけである。

我々は経済学を用いて政策分析や政策提言を行う場合でも、この限界を常に認識しておかなければならない。

(二) 効率性と公平性——科学にとっての価値の問題

しかし経済学にとってもっと深刻で内在的な問題は、それが「資源配分の効率性」を唯一の判断基準として採用する一方、人間行動に重要な影響を与える他の評価基準、つまり、倫理、道徳、価値の問題を取り扱わなくなった点にある。もちろん、かつてはアダム・スミスが『道徳感情論』を執筆したように、経済学は広い意味での道徳哲学の一角を構成し、法律学など他の社会科学と密接に結びついていただけでなく、倫理、道徳、価値の問題が経済学と密接不可分な形で論じられていた。しかしその伝統は、時代が下るにつれて失われてしまった。現代でもアマルティア・センや鈴村興太郎らがこの問題に対して鋭い分析を行い、実り豊かな業績を上げているが、その成果は残念ながら経済学のメインストリームに必ずしも反映されているとはいえない。「経済学とは、希少資源の最適な配分のあり方を研究する科学である」というのが、今もっとも一般に支持されうる経済学の定義であろう。経済学がこの問題に自らの課題を絞り込み、倫理、道徳、価値に関わる問題を切り離して理論体系の精緻化に励んだことは、それが科学として自立し、社会科学の中で自然科学にもっとも接近することを可能にした。しかし他方で、人間社会の理解にとって非常に大切な他の要素を経済学が切り捨ててしまうという代償をともなったことも事実である。

この結果、経済学が政策提言を行うときは、「効率性」やその政策が「経済活動に対して中立的であること(歪みを引き起こさないこと)」を強調するが、公平性についてはほとんど何も語らないのが常となっている。それは、経済学が公平性に関して依拠すべき明確な基準を内在的に持っていないからである。したがって何が公平なのかという問題は哲学や倫理学に任せ、経済学は自らの役割を、効率性に立脚した経済社会の分析に自己限定してきたといえる。

一九八〇年代以降、経済学に立脚する政策提言の多くが金融自由化、規制緩和、そして民営化を推奨してきたのも、そうすることによってより効率的な資源配分が可能になり、経済社会全体の厚生水準は高まるとの根拠からであった。しかし、そのような政策を実行した結果、ユニバーサル・サービス(全国均一水準のサービス)の確保が困難になったり、地域間格差や所得格差を拡大させたり、投機資金が膨張しつつ国境を越えて回流するようになり、各所でバブルの生成と崩壊を繰り返して実物経済に大きな影響を与えるようになった点については、どう考えればよいのだろうか。厚生改善という果実を得るためにはやむを得ない副作用として無視してよいのだろうか。決してそういうわけではない。経済学が効率性分析に集中し、再分配の問題に不熱心にみえるのは、その背後で、政策はあくまでも経済厚生の最大化を目的として実施されるべきで、その結果として経済成長が実現すれば、政府に税収増加をもたらすだろうから、別途、社会保障や累進所得税、あるいは地域間所得移転等、その他の政策手段を通じて再分配を行えばよいと想定されているからだ。これは、経済学で「厚生経済学の基本定理」と呼ばれて定式化されている(奥野正寛・鈴村興太郎『ミクロ経済

学Ⅱ』)。その第一基本定理は、

競争均衡配分は、存在すれば必ずパレート効率的である。

というものである。ここでいう「パレート効率的」とは、誰かの状況を改善しようとするとき、必ず誰か他の人の状況を悪化させてしまうような状況を指す。パレート効率性は資源が無駄なく使われているという意味で望ましい状況を表すが、分配の公平性とは無関係な概念である。したがって、分配がきわめて不平等な状況とパレート最適な状況は並存しうる。ここに、政府の役割が生まれるわけである。つまり市場には、所得を自動的に再分配するようなメカニズムが内蔵されていないので、政府が再分配を実行する役割を果たさなければならない。しかし、いったん政府がこの役割を果たしさえすれば、後は資源配分を市場に任せておくことで、再びパレート最適な状況が達成される。厚生経済学の第二基本定理はこのことを、

任意のパレート効率的配分は、一括税・補助金による所得の適切な再分配によって競争均衡配分として実現することができる。

と表現する。つまり第二基本定理は、政府が所得再分配機能を適切に果たしさえすれば、あとは市

場の資源配分機能に任せておくことで、公平性と効率性の両立という非常に望ましい状況を達成しうると述べているのである。

問題はしかし、本当に「適切な所得再分配」が行われるのかどうかという点にある。筆者は、現実には「適切な所得再分配」は行われてこなかったし、今も行われていないと考えている。そしてその状況は、金融自由化、規制緩和、民営化が進展した一九八〇年代以降にとりわけ顕著になってきていると考える。なぜなのか。それは、以下の二つの要因が影響を与えたからであろう。つまり経済学自身の問題と、政府の問題である。

まず第一に、経済学自身の問題は、それが効率性分析に没頭し、いくつかの優れた例外を除いて再分配のあり方に関する研究に、効率性分析ほどのエネルギーが注がれてこなかったことにある。これは先述したように、経済学という学問における判断基準が事実上効率性のみであり、公平性に関する合意された基準がないという弱点による。研究者が英文専門誌に論文を投稿し、採択されることによって業績を上げようとすれば、良かれ悪しかれ、このような経済学の枠組みに乗って仕事をせざるを得ない。そしてそのことが今度は、効率性分析に専心する経済学の枠組みをますます強化する一方、公平性の概念や、それが依拠する倫理、道徳、価値の問題は、経済学の課題ではないとして排除される背景要因となっている。これは、科学が「いったん〈範型〉を持つと、それ以降は範型なしではやっていけない」というトーマス・クーンの言葉を引きながら、佐和隆光が今から三〇年近く前に、新古典派経済学がなぜかくも強靭なのかを説明しようとした論理にほかならない

（佐和隆光『経済学とは何だろうか』）。この状況はこれまでのところ、強化されこそすれ、弱まることなく進行してきた。

効率性重視の観点は当然のことながら、経済学に立脚した政策提言に反映されていくことになる。つまり、それらは一九八〇年代以降、金融自由化、規制緩和、民営化を通じて社会経済システムの効率性を高めることを提唱していく。しかし、それが実施される場合に予想される負の側面を明確に示し、そのような副作用に対して打つべき対処法をあらかじめパッケージとして提示しておくことは、ほとんど行われなかった。また経済学の中で、経済社会で生じる不平等や不公正の原因を追求し、それを解決する政策を経済学の方法論に立脚して真摯に提言するような研究も、いくつかの良質なものを除いて圧倒的に少ないといえよう。近年の経済学の著作の中に、冷静な科学的分析の中にも正義感があふれ出るような作品に出会うことが少なくなっているのも、そのためであろう。

(三) グローバリゼーションのインパクト

経済学における効率性重視と、それに立脚した政策提言の影響のほかに、再分配政策が弱体化してきた第二の要因としては、政府の問題を挙げることができる。近年、政府自身が明らかに再分配政策に対して不熱心になりつつある。実際、財政再建が最優先され、社会保障政策が次々と縮小と後退を続けている。政府の役割は本来、我々が暮らしやすい社会を構築することであり、そのために必要な財源を公平かつ効率的な形で調達してくることであるはずなのに、優先順位が全く転倒している。これは一体どうしたことであろうか。しかしこれは何も、小泉政権以降の日本における特殊現象ではない。もともと金融自由化、規制緩和、民営化といった政策トレンドは、アメリカのレーガン政権、イギリスのサッチャー政権、そして日本の中曾根政権が成立した一九八〇年代以降、世界的に共通する政策潮流となっている。

次章以降でも議論するように、このような世界共通の政策潮流の背景には、「経済のグローバル化」が存在する。一九七〇年代から八〇年代にかけて先進国で相次いで金融自由化が推進され、資本の国境を越える移動の制限が撤廃されていった。企業は多国籍化し、金融は国境を越えて収益最大化の観点から世界各地で投資を行うようになった。「経済のグローバル化」と呼ばれるこの現象は、一九九〇年以降途上国や新興国を巻き込んで明確な世界的潮流となる。これに対して国家の側は相変わらず、自らが統治する領土の範囲内でしか主権を行使できない。そうすると、二一世紀に入って経済は国境を越えてグローバルに動き回るようになったのに、国家は依然として一七世紀のウェストファリア条約以来の旧い外皮を被ったままだという意味で、経済と国家の間に「非対称性」が生まれることになった。今や、国家と経済の関係はかつてとは逆転し、国家が経済に選択される時代になった。つまり、企業は自国だけでなく、世界規模で生産費を最小化するよう最適立地戦略を実行するのである。そうすると、税負担や社会保険料負担、そして労働規制をはじめとする社会的規制が強い国は、企業にとってそこで立地し、生産するコストが高い国だということになる。

彼らはそのような国への立地を嫌がり、コストの小さな国へ移ろうとする。このようなメカニズムが働く場合には、各国は先を争って規制を緩和し、国営・公営企業を民営化し、社会保障を大幅に削減して小さな政府を実現することで、産業の負担を縮小しようとする。こうして各国は産業を自国に吸引し、成長率を高めようとするわけである。これが一九八〇年代以降、世界各国で起きた「底辺への競争(Race to the Bottom)」と呼ばれる現象である。このようにグローバル化時代には、再分配政策は、国家による産業誘致目的にとって「お荷物」となり、各国は競い合ってそれを縮小させることになる。

このような状況下では、国家はたとえば累進所得税を用いて所得再分配を行ったり、高い社会保険料を徴収することで手厚い年金を給付するといった再分配政策を実施することが困難になっていく。なぜなら、高額所得者は高い税負担を嫌って資産や所得を低税率国に移すかもしれないし、企業は高い法人税・社会保険料雇用主負担を嫌って海外移転するかもしれないからだ。実際、所得税の最高限界税率は一九八〇年代以降、一貫して世界各国で引き下げられ、フラット化される傾向にある。法人税率もまた、企業の国際競争力を改善するという政策目的により、世界的に引き下げられる過程にある。つまり、「経済のグローバル化」という現象が、国境を越えた資本に対する国家の統制力を弱体化させ、それをコントロールしようにもコントロールできない状況を生み出したのである。金融自由化、規制緩和、民営化は、グローバル化時代に自国産業を生き残らせるためには選択の余地のない方途だと認識される一方、それは同時に、国家が資本に対する統制手段を自ら失う過程でもあった。つまり、国家はこの点で「自分で自分の首を絞めた」のである。

国家の産業に対する統制の縮小・撤廃と新自由主義的経済政策の台頭は、経済学の世界ではケインズ経済学の非主流化、そして日本では遅ればせながらのマルクス経済学の衰退とも時期的に符合していた。これらの経済学は、次章で検討するように国家による資本のコントロールと所得再分配を強調することが多かったが、その退潮と新古典派経済学の影響力拡大は、経済政策の転換にも大きな影響を与えた。つまり、経済学に立脚する政策提言は、国家が規制を緩和し、民営化を推進し、強度の再分配政策を緩和することを、経済の効率性を改善し厚生水準を高めるとして正当化していくことになった。

以上のように政府の行動も、経済学に立脚する政策提言も、過去三〇年間、総じて再分配政策を強めるよりは弱める方向で作用してきたといえよう。このことが、経済学は「経済成長」や「効率性」については関心を持つが、「社会的公正」についてはほとんど省みることのない、感情を失った「冷たい科学」とみなされる要因になってきた。しかし、新古典派経済学の形成者にしてケンブリッジ大学経済学講座の教授だったアルフレッド・マーシャルはその教授就任講演で、経済学を学ぶ者には「冷静な頭脳と温かい心」が必要だと説いた。ケンブリッジ大学で数学専攻だったマーシャルは、ロンドンの貧民街を歩いて貧困の悲惨さを目の当たりにし、そのような人々を救うために経済学を志したといわれている。経済学を学ぶ者は、社会問題の解決に貢献したいという熱い思いと、しかしそのためにも社会を分析し、解決策を導き出す冷静な頭脳、その両者をバランスよく兼ね備えていなければならない。そして、過去の偉大な経済学者はたいてい、この両者を兼ね備えていたといえよう。本書も経済学を「冷たい科学」としてではなく、「冷静な頭脳と温かい心」の科学として捉え、その伝統を経済学の歴史の中に読み込み、その潜勢力を現代に再生させることを課題としたい。

(四)「概念装置」としての経済学

したがって本書は経済学の有用性を、それが政策にどれほど貢献できるかどうかで判断し、狭い意味で「社会の役に立つ」かどうかを論じようとしているわけではない。経済学の真の意味での有用性は、むしろ市場の本質や、国家と市場のあり方など、我々を取り巻く経済社会システムの根底を明らかにするための「概念装置」を提供してくれる点にあるといえよう(内田義彦『読書と社会科学』)。つまり、我々が経済学を学ぶことを通じて、経済社会システムのより深い認識に到達できるという点に、そのもっとも大きな意味があると考える。

本書では、これまでの経済学がどのようにしてそれぞれの時代の経済問題と格闘し、経済理論を鍛え上げていったのかを明らかにすることによって、経済学とは何かを考えることにしたい。その主軸となる次の第二章では、経済学の発展過程を主要な経済学者の思想を通じてみていく。ただし、それぞれの経済思想の内容を個別に検討することがそこでの目的ではない。過去二五〇年間の経済学に共通する問題意識や課題を抽出することに力点を置き、「概念装置」としての経済学がどのように課題を捉え、それを抽象化しつつ理論化を図り、翻ってその理論を利用して経済問題の解決を図ってきたのかをみていく。本書で経済学の共通課題として抽出されるのは、以下の五点である。

市場と国家

まず第一点は、「市場と国家の関係」である。経済学はこれまで、市場による資源配分のメカニズムの解明と同時に、貧困と失業の解消、所得・資産の分配における不平等問題の解決、景気循環の制御といった実践的な問題の解決に取り組む中から理論を発展させてきたし、現実の問題と理論発展の関係は今後も変わらない。現代では経済のグローバル化と世界同時不況の発生、その下での世界的な貧困化や格差拡大の進行、地球規模での環境問題、とりわけ地球温暖化問題の深刻化が経済学に大きな挑戦状を突きつけている。これらの大きな変化と資本主義経済システムそのものの変貌を、経済学がどう捉え、分析し、そして問題に対する有効な処方箋をどのように出せるかで、その社会的意義は判定されることになるだろう。

それにしても上述の問題群は、市場というものの機能について改めて考え直す機会を与えてくれる。たとえば、一九八〇年代後半の日本や二〇〇〇年代後半のアメリカで、土地・住宅市場でバブルが発生していると誰もが分かっていても、なぜ、人々はそれらに対して追加的な投資を行ったのだろうか。なぜ、バブルの生成とその突然の崩壊を防げなかったのか。崩壊が防げないならば、なぜ、せめて金融経済のショックが実物経済へ波及するのを政策的に遮断できなかったのか。もしそれを遮断できたならば、これほどまでに実物経済が落ち込むのを回避し、悲惨な雇用崩壊を防げたのではないだろうか。過去一年間に我々が観察したのは、市場で流通している情報や、それに基づいて市場参加者が下す判断、そして、彼らの判断に基づく行動が合成された結果生まれる市場均衡は、決して経済学の教科書が説くように合理的でも、また効率的でもないということである。「市場に任せればすべてうまくいく」という俗言は、この冷厳な事実の前では全く無力化される。我々が考えるべきは、なぜ市場はうまくいかないのか、そして、その要因は何かを問うことである。過去の偉大な経済学者は、まさにこの問題に対して真摯に取り組んできたといえよう。とりわけこの点で多くの示唆を与えてくれるのは、カール・マルクス、アーサー・ピグー、そしてケインズである。彼らは、資本主義経済システムには本質的に、均衡への予定調和的な収束よりもむしろ、均衡から乖離し、不安定化し、格差を作り出しつつ問題を拡大させるメカニズムが内包されていると捉えていた。市場機構はこれらの問題を自動的に解決するメカニズムを持たないために、国家がそれを解決する役割を引き受ける必要がある、というのが彼らの一致した見解であった。

もちろん、過去にも現在にも、市場は常にうまくいき、国家の必要性は全くないと考える経済学者はさすがに存在しなかった。問題は、市場が本質的に不安定性を抱えているとみるのか、それとも市場は基本的にはうまく機能しているが、例外的な場合のみ機能不全に陥ると捉えるのか、という市場観の違いにある。後者であれば、国家は市場に対して原則介入せず、その役割はきわめて限定的な範囲に抑制される。これに対して前者の見方をとるのであれば、市場に対する国家の介入は常態化し、国家は市場がうまく機能するための前提条件にすらなりうる。このように、市場機能の本質をどのように考え、それが機能不全に陥る場合、国家にそれを調整する役割をどの程度与えるかで、「市場と国家」の関係について大きなビジョンの違いが生まれる。この両者の関係をどう捉えるかという課題は、重商主義から現代に至るまで、経済学の全歴史を貫通する大きなテーマである。

経済学における「自然の体系」と「人為の体系」

経済学における共通課題の第二点は、「経済学における「自然の体系」と「人為の体系」」をどう捉えるかという点にある。次章で詳しくみるように、ケインズは、第一次世界大戦後のイギリス政府による金本位制への復帰政策を批判し、管理通貨制度に移行することを提唱していた。世界大戦により各国は金本位制から離脱することを余儀なくされていたが、当時はいずれ金本位制へ復帰しなければならないと強く信じられており、実際それが大きな政策課題となっていた。金本位制に対して根強い支持があったのは、管理通貨制度という「人為」による通貨制度ではなく、金本位制という「自然」の通貨システムで経済システムを律する方が、政策の恣意的な運用を回避でき、通貨価値や物価が安定化すると考えられていたからである。金本位制が、国際通貨制度における「自然の体系」として、一九世紀にそれなりにうまく機能した記憶は、二〇世紀に入っても人々の脳裏に強く焼きついていた。しかしケインズが正しく指摘したように、市場の自己調節機能へのナイーブな信頼はすでに崩壊し、実際に歴史が証明したように管理通貨制度の導入、つまり経済システムの「人為」によるコントロール体制への移行は不可避であった。

それにしても、この時期のことを調べてみれば、金本位制への復帰がいかに当時、根強い時代の「通念」となっていたかを知ることができる。それは一方で市場の自己調節機能への信頼の証であり、他方でその裏返しとしての、経済システムの「人為的」コントロールに対する不安の反映でもあった。この通念を打ち破り、経済システムにおける「自然の体系」から「人為の体系」への移行が必然であることを説得的に説こうとしたのが、ケインズによる『貨幣改革論』(一九二四年)執筆の基本的な動機である。ここでいう「自然の体系」とは、アダム・スミスが『国富論』(一七七六年)の第四編第九章で重商主義体系批判を繰り広げた後に打ち出した体系であり、彼が「自然的自由の体系(System of Natural Liberty)」と呼んだ経済システムを指す。その内容は、

優先の体系であれ、抑制の体系であれ、〔資源配分を人為的に歪める〕すべての体系がこうして完全に除去されれば、明白かつ単純な自然的自由の体系が自然に確立される。だれでも、正義の法を犯さないかぎり、自分自身のやりかたで自分の利益を追求し、自分の勤労と資本を他のどの人またはどの階層の人びととの勤労および資本と競争させようと、完全な自由にゆだねられる。(水田洋監訳『国富論』)

というものである。このとき、重商主義体系や重農主義体系の政策による人為的な資源配分の歪みがなくなるために、市場の機能が円滑に働き、国家が果たすべき役割は限りなく小さくなる。スミスがこれを「自然的」と呼ぶのは、それが自然法に立脚するシステムだという意味と、重商主義体系や重農主義体系による影響が取り去られた後に成立する、人為的に歪められていない「自然な」体系だという理由からである。彼が提示し、その優位性を証明したこのような市場観は、その後も方法論的個人主義に基づく原子論的社会観に支えられて一九世紀に絶頂に達した。つまり物価、賃金、利子などの価格パラメーターによる市場の自律的な調整機能に絶大な信頼が置かれ、それが金本位制、自由貿易制度、均衡財政主義からなる当時の自由主義的経済政策を支えていたのである。

しかし、市場の自律的調整機能に対する全面的な信頼は一九三〇年代の世界大恐慌によって崩壊し、むしろ理性の力によって経済システムをコントロールすることの優位性をケインズは訴えていく。「自然の体系」の主要な構成要素たる金本位制の墨守を優先し、それに従うことは、かえって国内物価と雇用を不安定に陥れることになるのは、ケインズの目には明らかであった。にもかかわらず当時、すでに形骸化しつつあった金本位制の維持という「名」を取ることを優先し、国内物価と雇用の安定性という「実」を捨てることは、彼にとって「不条理な選択」以外の何者でもない。経済システムの目的が人々の福祉水準を向上させることにあるのならば、名を捨てて実を取ることは合理的な選択であり、そのためにも、通貨システムを「自然の体系(金本位制)」から「人為の体系（管理通貨制度）」の下に移さなければならない。この構想は後に、第二次世界大戦終了直前の一九四四年にアメリカ、ニューハンプシャー州のブレトンウッズで開催された会議の場で、イギリス代表のケインズがアメリカ代表のハリー・ホワイトと神経をすり減らす交渉を行った末に妥結した国際通貨システムとして結実することになった。国際通貨基金（ＩＭＦ）と国際復興開発銀行（いわゆる世界銀行）の創設につながったこのシステムでは、国際的な資本移動を極力抑制して為替レートを固定化し、その下で国内物価と雇用の安定のために各国政府が財政金融政策を実行する自由を得た。このシステムでは、国内物価と雇用の安定こそが主であり、金融はそのためのいわば「僕《しもべ》」として位置づけられた。

このシステムはしかし、一九七一年のニクソン・ショック、そしてスミソニアン協定を経て崩壊に至った。その後、一九八〇年代に金融自由化と資本の国境を越える移動に対する規制が国際的に撤廃されると再び、金融の動きによって実物経済のパフォーマンスが規定される時代に入った。もはや金融は産業の「僕」ではなく、産業の方が株価や為替レートの動きに一喜一憂する時代に入った事実を我々は目の当たりにしている。つまり、金融と実物経済の主従関係が、かつてとは逆転したのである。ところが、事態はさらにめまぐるしく変転する。一九九〇年代の日本で起きた、地価や住宅価格といった資産価格の崩落（バブル崩壊）が産業の足を大きく引っ張るという事態が、二〇〇〇年代末にアメリカのサブプライム問題を発端として今度は世界規模で再現されたのである。これは、金融に対するあらゆるコントロールが撤廃された末に起きた現象である。この結果、市場に対する規制は少なければ少ないほどよいという現代版「自然の体系」への素朴な信仰は崩壊し、金融に対する規制の再導入が世界的に議論の俎上に上っている。つまり、現代版「人為の体系」への移行である。その際に我々は、再びケインズの経済思想に学ぶ必要があるだろう。しかし、もはやその単純な復活が有効であるような条件は失われていることも認識しておかねばならない。かつてケインズが金本位制への復帰はもはや困難だと認識していたのと同様、国境を越える資本移動を完璧にコントロールし、国民国家を単位とする経済政策の自由度を最大限に保障するブレトンウッズ・システムに復帰することは、もはや困難である。かつてケインズ的な財政金融政策が有効であったのは、あくまでも国際的な資本移動が有効にコントロールされていたからである。その条件が失われたグローバル化時代の今、資本の国境を越える移動を前提としながらも、その弊害を抑えつつ人々の福祉水準の向上を図ることができるような経済システムをいかにして構築するのかという課題に、経済学は直面しなければならない。

「金融経済」と「実物経済」の二分法

以上の行論では、特に断りなく「金融経済」と「実物経済」を区別しつつ議論を進めてきた。この「金融経済」と「実物経済」の関係というテーマは、経済学の中でも主要テーマの一つであり、それをめぐって相異なる立場から論争が行われてきた。ここでいう「実物経済」とは、物やサービスの生産と消費、そしてその交換を指す。これらは人々の福祉水準と直接結びつき、物やサービスの消費水準が高くなればなるほど、それだけ福祉水準は向上するとみなされてきた。他方で「金融経済」とは、物やサービスの交換が行われる際に、その取引決済のために実行される貨幣のやり取りを指す。このような用途のために生じる貨幣需要を、ケインズは貨幣の「取引動機」と呼んだ。しかし、貨幣は物と違って腐ったり劣化したりしないため、保蔵が可能で貯蓄手段としても用いられる。さらに、単に貨幣を保蔵するだけでなく、値上がり益の獲得を期待してそれを株式や債券などに投資するといったことも行われる。このような用途のために生じる貨幣需要を、ケインズは貨幣の「投機的動機」と呼んだ。したがって「金融経済」は、「取引動機」に基づく貨幣のやり取りだけでなく、「投機的動機」に基づく貨幣のやり取りも含むことになる。

以上のように「金融経済」と「実物経済」を定義できるとすれば、実際に両者の関係をめぐって経済学にはどのような立場の違いが存在しているのであろうか。詳しくは第二章で展開することになるが、第一の立場は、両者は相互に全く影響し合うことがないと考える立場で、「貨幣数量説」と呼ばれる考え方に立脚している。これに対して第二の立場は、両者は相互に影響を与えながら分かちがたく連動し合っていると考える立場である。前者は、(ケインズの意味での)古典派の立場であり、後者は、ケインズの立場である。

ここで誤解を招かないように、ケインズの意味での「古典派」と、いわゆる「古典派経済学」では、その定義が異なっていることに注意を促しておかねばならない。通常、「古典派経済学」といえば、スミスから始まってデヴィッド・リカード、ロバート・マルサス、ジョン・スチュアート・

ミルをその代表的人物として含み、労働価値説を共通基盤として経済理論を建設した学派を指す。ところがケインズの「古典派」の場合、自分が構築した「一般理論」に先行する経済学を総称する名称として用いられており、彼らの理論と自分の理論の相違を際立たせるために、わざわざ創出された概念だという特徴を持っている。この点については、ケインズ自らが『雇用、利子および貨幣の一般理論』第一章の注釈で行っている説明を引用しておくのがもっとも分かりやすいだろう。

> 「古典派経済学者」とは、リカードウ、ジェームズ・ミルおよび彼らの先行者たち、すなわちリカードウ経済学において頂点に達した理論の建設者たちを総称するために、マルクスによって発明された名称である。私は、おそらく語法違犯ではあろうが、(たとえば)J・S・ミル、マーシャル、エッジワースおよびピグー教授を含めたリカードウの追随者たち、すなわちリカードウ経済学の理論を採用し完成した人たちをも、「古典派」の中に含めるのを習慣としている。(塩野谷祐一訳『雇用・利子および貨幣の一般理論』)

さて、この古典派によれば、金融経済と実物経済はお互いに全く影響を与えない相互に独立した存在だと捉えられている。つまり、貨幣は物やサービスを交換する際の決済手段として使われるだけで、それが実物経済に何らかの影響を与えることはないとの立場である(「貨幣ベール観」)。したがって仮に貨幣供給量を増やすような金融緩和政策を行っても、それは実物経済に何ら影響を与えることなく物価上昇を引き起こすだけに終わる。このように金融経済と実物経済を相互に影響を与え合わない独立した存在として捉える経済観は「古典派の二分法」と呼ばれてきた。しかもこの考え方は、現代ではミルトン・フリードマンをはじめとするマネタリストの考え方に引き継がれている点で、現在なお大きな影響力を持っている。

これに対して、ケインズは貨幣数量説を批判しつつ、金融経済と実物経済の相互作用を重視する立場を打ち出していく。たとえば、古典派では実物経済に何の影響も与えないとされる貨幣供給量の増加は、ケインズの場合では、利子率低下を通じて民間投資を増やし、有効需要の増加を通じて所得(GDP)を上昇させることになる。このことは翻って取引動機に基づく貨幣需要を増加させるので、再び利子率を引き上げることにつながり、貨幣市場を新しい水準で均衡させる。このようにケインズの世界では、金融経済に与えられた刺激は、金融経済の枠内だけにとどまらずに実物経済に影響を与え、それによって生まれた実物経済の変化が、今度は金融経済に戻ってきて影響を与えるという形で、両者が相互に作用しながら新しい均衡を探していくようになっている。

現代資本主義における金融の影響はますます大きくなっており、このような両者のダイナミックな相互作用を捉えることなしにその本質を正しく捉えることはできない。その意味で、ケインズの経済観から我々が学ぶ意義は今なおきわめて大きい。これに対して古典派はいわば物々交換の世界であり、投機的動機に基づく貨幣のやり取りを完全に視野の外に置いてしまった点で、その概念装置としての有効性を減じることになってしまった。ケインズが自らの理論を『雇用、利子および貨幣の一般理論』と名づけたのは、このように貨幣の取引動機だけでなくその投機的動機をも取り込んだ、包括的な「利子および貨幣の一般理論」を創り上げたという自負が背景にあったからであろう。

経済システムを担う主体は誰か

現代経済学では、生産者の場合は代表的企業が利潤を最大化し、消費者の場合は代表的消費者が効用を最大化するよう行動した結果として市場均衡がもたらされる、主体的均衡の理論となっているため、経済的利害を共有する経済主体をひとまとめにした「階級」分析は行われなくなっている。しかしこのような分析は、かつては経済学にとって必要不可欠だったし、階級概念も、経済学にとって欠かすことのできない概念であった。実際、経済学の創設者の一人といっていいフランソワ・ケネーの『経済表』は、「生産者階級」「地主階級」「不生産者階級」の三階級分類を用いていたし、スミス以降の古典派経済学やマルクスの『資本論』は、「資本家階級」「労働者階級」、そして「地主階級」の三階級分析を採用していた。そしてケインズは、その『貨幣改革論』において「投資家階級」「企業者階級」「労働者階級」の三階級区分を用いている。さらにヨゼフ・シュンペーターは、彼の『経済発展の理論』において、階級分析ではないが「企業者」や「銀行家」というカテゴリーを設けて、それが経済発展に果たす役割の分析を行っている。このように、階級分析は経済学の歴史を通じて採用されてきた分析方法であり、筆者はそれが経済学を魅力的にしてきた重要な要素だと考えている。

階級分析は、資本蓄積が進んでいくにつれて、ダイナミックな観点から所得が各階級間でどのように分配されるのかを分析するための重要な方法であった。資本蓄積がもたらす経済システムの変容が、各階級に一様に影響を与えるのならば、そのような分析は必要とされなかったであろう。しかし、経済システムのある変化は、ある階級にとって利益をもたらすけれども、別の階級にとっては不利となることは頻繁に生じうる。同様のことは、租税負担の転嫁と帰着についてもいえる。階級分析を活用して租税論を全面展開したのは、『経済学および課税の原理』におけるリカードであったが、彼は階級分析を見事に活用して租税の転嫁と帰着についての明確な結論を引き出した。このように、階級分析は今でいう分配論を展開するために必要不可欠な分析用具として用いられたといえる。

しかし、階級分析の有用性はそれにとどまらない。それは単に分配論を展開するだけでなく、次の新しい社会を誰が担っていくのかという経済ビジョンに関わっていたからである。ケネーの場合、その担い手は「生産者階級」であり、スミス以降の古典派の場合は、「生産者階級」と「労働者階級」であり、ケインズにとっては「企業者階級」と「労働者階級」による生産者連合であった。したがって、経済政策を実施する場合や新たに租税を導入する場合は、次の経済システムの担い手に過重な負担を与えないような政策設計を行うよう彼らは勧告していた。なぜなら、新しい担い手に過重な負担を与えて彼らを疲弊させてしまえば、資本蓄積が遅れ、結果としてその経済システムの発展は阻害されるからである。逆に担い手とされなかった階級には、負担がそこにしわ寄せされたとしても、あくまでもそれは「レント（経済的資源の占有に基づいて獲得される独占的な収入・収益）」から支払われるので、経済システムの再生産や資本蓄積に悪影響を与えることはないとして正当化された。このような階級には、その時代の特権的な階級、つまりケネーから古典派経済学に至るまでは「地主階級」、ケインズにおいては「投資家階級」が該当する。これら特権階級は、実際の生産活動に携わるよりも、土地や資本を占有することからより多くの所得を得ていたのであり、彼らが力を失って没落していくことは、社会の進歩にとって望ましいとすら考えられていた。このような考え方は、ケインズによる以下の「金利生活者の安楽死」という表現に集約的に表れている。

さて、このような事態（完全雇用を達成するために、投資を刺激するのに十分な水準にまで利子率を引き下げること）はある程度の個人主義とまったく両立するけれども、それは利子生活者の安楽死、したがって資本の稀少価値を利用しようとする資本家の累積的な圧力の安楽死を意味するであろう。今日では、利子は土地の地代と同じように、真実の犠牲に対する報酬ではない。土地の所有者が土地が稀少であるために地代を得ることができるのとまったく同様に、資本の所有者は資本が稀少であるために利子を得ることができる。しかし、土地の稀少性には本来的な理由があるけれども、資本の稀少性には本来的な理由はない。（前掲『雇用・利子および貨幣の一般理論』）

ここでケインズは、利子を上述の意味での「レント」だといっているのである。レントは、資本の所有者がその才覚によってビジネスを成功に導くことで得られる正当な報酬ではなく、たまたま資本が希少であるためにもたらされる一種の不労所得なので、完全雇用の達成という、より重要な経済目的の達成のためには犠牲になってもやむを得ないというわけである。この認識は、ケインズの次のような冷徹な見通しを導く。

> したがって、私は、資本主義の利子生活者的な側面を、それが仕事を果たしてしまうと消滅する過渡的な局面と見ている。そして利子生活者的な側面の消滅とともに、資本主義に含まれる他の多くのものが変貌を遂げるであろう。それはかりでなく、利子生活者、すなわち、機能を喪失した投資家の安楽死が急激なものでなく、最近われわれがイギリスにおいて経験している傾向の漸次的な、しかし長期にわたる継続にすぎず、なんら革命を必要としないということは、私が勧告している変化の過程の大きな利点であろう。(同前)

動態的視点の重要性——今後、資本主義経済システムはどのように変わっていくのか

上述の議論は、第五点の共通課題である動態的視点の重要性という問題につながっていく。現代経済学は通常、分析を精緻に行うために時間を止めて分析を行う(「静態分析」)。これに対して、時

間の推移とともに資本蓄積がどのように行われ、それにともなって分配状態がどのように変化していくのかを分析するのが、成長論などの「動態分析」である。後者の方が、分析が複雑になるために、現実には圧倒的に多くの精力が静態分析に注がれている。しかし経済学の大きな魅力の一つはやはり、我々の社会経済システムが今どのような変化を遂げており、今後それがどのような方向に向かおうとしているのかを問いかけることができる理論枠組みを持っている点にある。リカードによる資本蓄積論、マルクスによる再生産論と資本蓄積論、『雇用、利子および貨幣の一般理論』におけるケインズによる動態分析の視点、シュンペーターによる経済発展と技術革新の関係の分析など、これまでの経済学には魅力的な動態分析の視点が多く提示されている。そこにみられるのは、現行の資本蓄積がそのまま進行すれば、究極的には何が資本主義経済システムに生じるのかを徹底して解明し、「歴史的な傾向法則」を取り出してみるという姿勢である。これは経済学が科学として洗練されていくにつれて採用されなくなった方法論だが、長期的展望を得るための仮想的な思考的実験としては、今なお捨てるには惜しい方法論だと考える。

もちろん、時間の推移とともにさまざまな条件の変化が生まれるため、そのような傾向法則も結局は外れてしまうことが多い。マルクスの資本主義崩壊論も当たらなかった「法則」の一つであろう。しかし、さまざまな与件を取り去ってみるならば、時間の推移とともに資本主義が純粋にどのような動きをするのかをチェックしてみることは、資本主義という経済システムの本質を理解する上できわめて有用である。現在は労働、金融、環境といった各分野における規制、さらには社会保障など、市場に対するさまざまな国家介入が存在するため、市場はそれら制度的基盤の上でようやく円滑に機能するようになっている。逆にいえば、それらの制度的基盤がいわば安定装置としての役割を果たさなくなれば、マルクスが『資本論』で描いたような窮乏化や恐慌の恐れが復活するといえる。一九八〇年代以降の再分配政策の縮小や規制緩和は、戦後成立した福祉国家の下で機能していた安定装置が解体・縮小され、再び雇用の不安定化、格差の拡大、そして貧困問題を顕在化させた。最近のマルクスや小林多喜二の『蟹工船』に対する関心の高まりは、このような状況の反映である。

他方で、資本主義の動態を引き起こす要因の分析も、経済学の歴史を貫通する重要なテーマであった。シュンペーターが経済発展の動因を技術革新に求め、それを遂行する役割を「企業家」に与えることによって大変興味深い分析を展開したことはあまりにも有名だが、いつの時代にも技術革新は産業構造とエネルギー供給のあり方を変え、資本主義の姿を一変させる非常に重要な契機となる。

世界同時不況と地球温暖化問題という二つのグローバル危機を解決するために今、「グリーン・ニューディール」が世界的に注目されているが、我々は「第三次産業革命」ともいうべき歴史的転換点に立っており、エネルギー供給構造の大きな転換とリーディング産業やその中核的技術の交代を近い将来、目の当たりにするだろう。かつての第一次産業革命が蒸気機関と軽工業、第二次産業革命が電力と重化学工業で特徴づけられるとすれば、「第三次産業革命」は再生可能エネルギーの台頭による「脱化石燃料化」と、環境・エネルギー上の必要に応じて全産業領域で進行する変革によって特徴づけられる。二〇五〇年までに低炭素社会を実現することは我々の人類史的使命であり、経済学はその転換にともなう費用の大きさとその技術的困難性を訴えるために用いられるべきではなく、逆にその困難を乗り越えるための道筋と展望を与え、産業構造とエネルギー供給構造の転換を円滑に行うための政策手段を開発し、提言する積極的な役割を担っていくべきである。これが、動態分析という意味で我々の世代の経済学に課された重要な役割だといえよう。

二、経済学はどのようにして生まれたのか

――そして、それはどのように発展を遂げたのか

(一) 経済の再生産と資本蓄積

ケネー「経済表」と租税による社会改革

我々の複雑な経済システムは毎年毎年、物流や貨幣の流れを通じて再生産されている。これがどのようにして行われ、また、時間軸を通じて拡大再生産(成長)を遂げていくのであろうか。本書では、経済学の起点をケネーの『経済表』(一七五八年)に置くが、それはこの『経済表』が、経済システムの再生産と資本の蓄積(あるいは成長)がどのように行われるのかという問題意識を明確に表に出し、それを科学的に分析する方法を創出したからである。以後、古典派経済学の主要問題は、この「再生産と資本蓄積」という問題をめぐって展開していく。

経済表が初めて本格的に「経済システムの再生産」を分析することに成功したのは、ケネーがもともと医者であったということが大きいと思われる。一七四九年にポンパドゥール伯爵夫人の侍医

としてヴェルサイユ宮殿の「中二階の一室」に起居するようになった彼の下には、当時のフランスの状況を把握するための最良の情報が集まるようになった。また、百科全書派と呼ばれるディドロ、ダランベール、コンディヤックらの知識人と交流する中で社会科学的な問題意識や分析方法を身につけていったと思われる。もともと外科医であるケネーは、医学を通じて人体を突き放して客観的に観察する「眼」を持っており、血液が循環しつつ人体の生命機能を維持していることを知っていた。同様に、経済システムを突き放して観察し、物流や貨幣の流れが経済システムの再生産を可能にする様子を把握する上で、医学を通じた訓練を経て「概念装置」を獲得していたケネーは、当時の社会科学者よりも有利な位置にいたといえよう。

ケネーがどのように経済システムの再生産を把握したのかを理解するには「経済表」そのものを見るのが一番よい。次の頁に掲げられているのは、「経済表」原表第三版である。表に入る前に、まずケネーが経済社会を三階級、つまり「生産者階級」「不生産者階級」そして「地主階級」から構成されるとしていた点に留意しておく必要がある。「生産者階級」は、実際に農業に携わる階級で、投下資本を上回る生産物(ここでは「純生産物」)を生み出すことができる。純生産物を生み出すのは唯一、農業に携わる生産者階級だけだという前提が置かれている点が、重農学派の特徴である。次に、「不生産者階級」は工業に携わるが、農業のように純生産物を生み出さないので、単純に投下資本を再生産するだけだと想定されている。このため、現代的感覚からすれば若干奇異に聞こえるが、この階級は「不生産的」の名がつけられている。このように農業を基軸とした経済社会

考察すべき対象　(1)三種類の支出　(2)それら諸支出の源泉　(3)それら諸支出の前払　(4)それら諸支出の配分　(5)それら諸支出の帰結　(6)それら諸支出の再生産　(7)それら諸支出相互間の関係　(8)それら諸支出と人口との関係　(9)それら諸支出と農業との関係　(10)それら諸支出と工業との関係　(11)それら諸支出と商業との関係　(12)それら諸支出と国民の富の総額との関係

生産的支出	収入の支出	不生産的支出
農業などに関するもの	租税は徴収ずみ生産的支出と不生産的支出とに分割される	工業などに関するもの
年前払	**年収入**	**年前払**
600 *l.* の収入を生産するための年前払は 600 *l.*		不生産的支出のうち加工品のための年前払は 300 *l.*
600 *l.* は次のものを純生産する・・・・・・・	600 *l.*	

半額はここに移る　　半額はここに移る

生産物		加工品など
300 *l.* は次のものを純再生産する・・・・・	300 *l.*	半額はここに移る 300 *l.*
半額はここに移る		
150 は次のものを純再生産する・・・・・・	150	半額はここに移る 150
半額はここに移る		
75 は次のものを純再生産する・・・・・・・	75	75
37-10 *s.* は次のものを純再生産する・・・	37-10	37-10
18-15 は次のものを純再生産する・・・・	18-15	18-15
9-7-6 *d.* は次のものを純再生産する・・・	9-7-6 *d.*	9-7-6 *d.*
4-13-9 は次のものを純再生産する・・・	4-13-9	4-13-9
2-6-10 は次のものを純再生産する・・・	2-6-10	2-6-10
1-3-5 は次のものを純再生産する・・・・	1-3-5	1-3-5
0-11-8 は次のものを純再生産する・・・	0-11-8	0-11-8
0-5-10 は次のものを純再生産する・・・	0-5-10	0-5-10
0-2-11 は次のものを純再生産する・・・	0-2-11	0-2-11
0-1-5 は次のものを純再生産する・・・・	0-1-5	0-1-5

等々

図 1　経済表(原表第三版)

観を発達させたことが、ケネーを筆頭とする一連の知識人たちが集う「重農学派」の特徴である。

さて、ここで「経済表」を見ていただきたい。この表の最上部には、「生産的支出」「収入の支出」そして「不生産的支出」の三つの異なる類型の支出が掲げられている。これらはそれぞれ、上述の三つの階級、すなわち「生産者階級」「地主階級」そして「不生産者階級」の活動に対応している。左側の列の生産者階級は、六〇〇リーブルの「年前払」(元手となる資本)を借りて生産を行い、一二〇〇リーブルの価値を持つ生産物を生み出す。この一二〇〇リーブルのうち、「年前払」に相当する六〇〇リーブル(再生産物)を差し引いた残りの六〇〇リーブルが、生産者階級が生み出した純生産物にほかならない。「経済表」では、投資額と同額の純生産物が生み出されると常に想定されている。これが、表に「600 *l.* は次のものを純生産する…… 600 *l.*」と書かれていることの意味である。

生産者階級はこの六〇〇リーブルを手持ちの貨幣で地代として地主階級に支払い、残る六〇〇リーブルを農産物の形で手元に残す。他方、右側の列の不生産者階級は三〇〇リーブルの「年前払」と三〇〇リーブルの「原前払」(=固定資本)を借りて生産を行い、六〇〇リーブルの価値を持つ生産物を生産する(不生産者階級なので、純生産物は生み出さない)。

最後に、図の中央に位置する地主階級は、生産者階級から支払われた地代六〇〇リーブルを折半して、三〇〇リーブルを農産物の購入に、残りの三〇〇リーブルは工業製品の購入に充てる。表では、中央に位置する六〇〇リーブルから左右両側に点線が伸びていて、「半額はここに移る」と書かれているが、これは六〇〇リーブルの貨幣が農産物と工業製品の購入の引き換えに三〇〇リーブルずつ支払われることを意味している。これは消費のための支出なので、地主階級は購入した農産物と工業製品を消費して後に何も残さない。

次は、その下の段である。生産者階級は、地主階級に農産物を売却することによって三〇〇リーブルの貨幣を手に入れたが、これを元手に生産を行うために、生産資材として一五〇リーブルずつ農産物と工業製品の購入に充てる。これは、地主階級の支出が消費支出であるのと異なって、新しい純生産物を生み出すための投資支出である。三〇〇リーブルが元手なので、それと同額の純生産物三〇〇リーブルが生み出される。このことが表の中央部に示されている。

さらに、表のもう一つ下の段に移る。生産者階級は、今度は手元に残った貨幣一五〇リーブルを元手に生産を行うため、七五リーブルずつ農産物と工業製品の購入に充てる。一五〇リーブルが元手なので、それと同額の純生産物一五〇リーブルが生み出される。このことが同様に表の中央部に示されている。以下、同様のプロセスが表の最下段に至るまで繰り返されていく。

一連のプロセスが終了した結果はどうなるのであろうか。生産者階級は、再生産物六〇〇リーブルと純生産物六〇〇リーブルの合計一二〇〇リーブルを生み出したことになる。なぜなら、再生産物は表の左の列、純生産物は中央の列に記載されている数字を縦に足し合わせると、その合計額が六〇〇リーブルになるからである。つまり、300 *l*.＋150 *l*.＋75 *l*.＋……という無限等比級数の和を計算すると、それの合計額は六〇〇リーブルになる。こうして期末に生み出された生産物一二〇〇リーブルのうち、六〇〇リーブルは「年前払」の償還に充てられ、残る六〇〇リーブルは来期の地主への地代支払の原資に充てられる。

不生産者階級についても同様に考えることができる。不生産者階級が生み出した生産物は、表の右の列に記載されている数字を縦に足し合わせていくことによって得られる六〇〇リーブルである。このうち、三〇〇リーブルは原前払、つまり固定資本の減価償却原資となり、残る三〇〇リーブルは年前払の償還原資となる。こうして表の上部、「考察すべき対象」として書かれている一連の問題群への解答が与えられ、生産物と貨幣の流れが階級間でどのように行われ、それによって経済システムの再生産がどのようにして可能になるのかが解明された。

ケネーは次に、経済表による分析を土台にして、どのような経済政策を行って王国を発展させるべきかを考察する。その結果として引き出された結論をまとめたのが、経済表に付されている「シュリー公の王国経済要諦」である。これは、重農学派の経済政策を体系的に表現したものとして大変興味深い。それによれば、まず租税は破壊的なものであってはならないとされる。つまり、土地を耕作する生産者階級の年前払から徴収されるのではなく、純生産物に対して課税されなければならない。純生産物は地代として地主に支払われるので、結局、地主階級に対して課税すべきだということになる。なぜなら、経済表の分析より、年前払に対して租税を課すと再生産が阻害されてしまうからである。これが、「土地単一税論」として有名な重農学派による租税政策論の理論的根拠である。土地単一税が望ましいのは、農業から生み出される純生産物に課税することで、経済の再生産を阻害することなく国庫の必要性を満たすことができるからである。逆に、再生産を阻害しないためには、生産者階級(農業)であれ、不生産者階級(工業)であれ、再生産のための原資に食い込むような課税は避けなければならない。

また、貿易は阻害されてはならず、下層民の福祉も減じられてはならない。それらが阻害されたり減じられたりすると、せっかく生み出された生産物に対する需要が減退して需給バランスが崩れ、結局、経済の再生産が阻害される。他方でケネーは、以下のように、金融経済に依存することへの警告を発している。

国家非常の必要に応ずるための資力は国民の繁栄からのみ期待し、フィナンシエの信用貸からは期待しないこと。なぜなら、貨幣財産は国王をも祖国をも知らぬ闇の富だからである。

国家は借入金を避けること。借入金は財政上のラントを形成し、また取引証券の操作を通じて、金融業あるいは投機取引業を発生させる一因となるのであり、それらの業務においては、割引がますます不生産的な貨幣財産を殖やしてゆく。というのは、見捨てられた農業がもたらす収入よりも、高利貸がもたらすラントやもうけのほうが選好されるからであり、したがって、土地の改良と土地の耕作に必要な富が奪い去られるからである。(平田清明・井上泰夫訳『ケネー経済表』)

つまり、いったん国家が借入金を通じて金融業者に依存するようになると、その元本償還のためにますます多くの資本が金融経済に奪われるので、本来は実物経済に投下され、国土を豊かにするはずの資本が失われる危険性があるというわけである。そして最後に、政府の役割としてケネーが、政府は節約に専念するよりも王国の繁栄に必要な事業に専念することが望ましい、その際に、仮に政府支出が多すぎても富が増加すれば、その支出は過度でなかったということになりうる、と述べている点は興味深い。つまり、必要以上に財政収支の均衡に神経質になるよりも、政府はなすべき仕事を成し遂げ、その結果として政府支出が増えたとしても、王国が繁栄すれば税収が増加するので、結果として当初は過剰とみえた支出も、後からみればちょうどよいくらいの支出だったということになる。

以上が、経済システムの再生産構造をケネーがどのように把握し、それに基づいて彼が展開した経済政策体系の概要である。ケネーの経済観には農業のみを生産的とする偏向がみられるものの、生産物と貨幣が血流のように階級間を流れながら、経済全体としての需給バランスを成立させ、経済が再生産されるメカニズムを解明したことは、科学としての経済学の創造を告げる、まさに画期的な業績だと評価できる。さらに興味深いのは、ケネーがこの再生産構造に忠実に、あるべき経済政策体系論を展開しようとした点である。つまり、いったん我々が理性の力で経済システムのあり方を認識したのであれば、今度はそれを踏まえて、できる限り合理的な経済政策を展開すべきだと彼は考えたのである。

当時の重商主義経済学は、ケネーのような経済理論をその基礎に持たないために、富の源泉に関する誤った認識に基づいて経済政策論を展開していた。当時の政府はこの重商主義学説に立脚し、貿易を通じて金銀の流入を増加させることが王国の富を増加させることだと信じて恣意的に輸出産業を助成し、国外からの輸入を制限する保護貿易政策を展開した。しかしこれは、アダム・スミスによっても鋭く批判されたように、かえって国民の福祉水準を低下させることになった。ケネーもまた、この点を経済表での分析に基づいて鋭く批判したのである。

租税のあり方についても、とにかく「取れるところから取る」というそれまでのやり方ではなく、経済理論に基づいて「再生産の促進」という公準を立て、それに合致する合理的な租税体系論を唱えた点は、それまでの租税論と比較して大きな飛躍をなしている。もっとも、理論をそのまま現実に適用することは、必ずしもその成功を約束しない。バーデン辺境伯フリードリッヒによる土地単一税導入の挫折は、その典型例といえよう(島恭彦『近世租税思想史』)。フリードリッヒは重農主義の心酔者で、土地単一税の信奉者でもあった。そこで彼は、一七六九年に領土内の三つの行政区で単一税導入の実験にとりかかったが、この税制改革は、バーデン特有の零細土地所有のためにたちまち実行不能に陥ったという。この改革が失敗した原因は、重農学派が前提としているような「資本家的借地農(フェルミエ)」は一人もいないこと、したがって純収入を地主に提供する小作契約が行われていないため、租税を公平に賦課する客観的な課税標準が存在しなかったためである。つまり、一定の理論的前提の下で望ましいとされる税制を、その経済的文脈の異なる土地にストレートに適用しようとしても、うまく行かないということである。

こうして土地単一税論は、現実を前にして挫折の憂き目をみた。とはいえ、今なおそれが理念としての魅力を持ち続け、繰り返し言及されるのは、それが当時の特権による弊害を鋭く抉り出す社会批判としての意味を持ち、ドラスティックな税制改革による「社会改革」のための手段として高い意義を持っていたからであろう。島が指摘するように、土地単一税論は少なくとも次の二つの意義を持っていた。第一にそれは、旧税制を合理化する目的を持っていた。つまり単一税は徴税費を減らし、かつ税務行政を統一化することで徴税機構を合理化し、君主の収入を増やすことにつながる。実際、当時の租税は直接税よりも間接税に依存しており、しかもその徴収は悪名高い徴税請負人の手にゆだねられていた。フランスでは財務総監コルベールの下で間接税依存が一層強まり、一六六一年から一六八三年の間に、間接税収は八〇パーセント近い急増を示したといわれている。徴税請負人による過酷な税の取り立ては世の怨嗟の的となり、彼らが行う不正は、人々の激しい憤激を呼んでいた。それだけでなく、ケネーによれば、これらの間接税は不合理な課税方法によって経済システムの発展を阻害していた。したがって単一税の導入は、これら間接税を一掃し、直接税で置き換えることによって経済を発展軌道に乗せるという大胆な税制改革提案としての顔も持っていた。

第二に、土地単一税論は単に税制の合理化にとどまらず、社会改革のための政策手段としての意味も持っていた。それは身分を問わず、純収入であるというだけでその保持者に対して一様に賦課されるからである。当時のフランスは、「アンシャンレジーム(旧体制)」の下で三つの身分、つまり聖職者(第一身分)、貴族(第二身分)、そして平民(第三身分)からなっており、聖職者と貴族の二身分は「特権階級」と呼ばれてあらゆる税が免除されていた。第三身分出身で財務総監となり、重農学派に属していたチュルゴーは、これらの租税特権を廃止することで財政を立て直し、アンシャンレジームを再建しようとした。しかし、特権階級からの強烈な反対にあって彼自身が失脚、改革は失敗に終わった。最終的に、この状況を打開しようとしたルイ一六世が、三つの身分からなる議会「三部会」の開催を許容した。しかしこのことが、フランス革命を勃発させる導火線となってしまう。このような経緯から分かるように、特権階級の免税特権を廃止し、彼らの保有する土地から上がってくる純生産物に身分の区別なく土地単一税を課すという重農学派の主張は、当時としてはまさに革命的な意義を持っていたのである。

アダム・スミスにおける「自然的自由の体系」と国家

アダム・スミスは、ケネーの行った重商主義批判をさらに徹底して推し進めた。実際、『国富論』第四編の大半を費やして彼は重商主義体系の批判を展開している。したがってこの点でスミスはケネーと見解を共有しており、工業を「不生産的」とした点を除いて、以下のように重農学派の経済学をきわめて高く評価した。

この体系は、きわめて不完全であるにもかかわらず、経済学の問題についてこれまでに公表されたどれよりも、おそらくは真理にもっともちかづいたものであり……諸国民の富は貨幣という消費不可能な富ではなく、その社会の労働によって年々に再生産される消費可能な財貨に存するとしたこと、また、完全な自由こそ、この年々の再生産を最大限のものにするための唯一の有効な便法だとしたことにおいて、この体系の教義は、あらゆる点において正当であり、また寛大であり、自由でもあるように思われるのである。（大内兵衛・松川七郎訳『諸国民の富』）

上記引用文でスミスがケネーを評価しようとしている点は、ちょうど重商主義批判を通じてスミス自身が強く主張しようとした論点と重なり合っている。つまり、重商主義という人為的な資源配分政策によって生み出された歪みを取り去り、市場機能を円滑に働かせて「自然的な自由の体系」を実現するならば、「見えざる手」に導かれて最適な資源配分が実現するのである。

たしかに彼は、一般に公共の利益を推進しようと意図してもいないし、どれほど推進しているかを知っているわけでもない。国外の勤労よりは国内の勤労を支えることを選ぶことによって、彼はただ彼自身の安全だけを意図しているのであり、またその勤労を、その生産物が最大の価値をもつようなしかたで方向づけることによって、彼はただ彼自身の儲けだけを意図しているのである。そして彼はこのばあいにも、他の多くのばあいと同様に、みえない手に導かれて、彼の意図のなかにまったくなかった目的を推進するようになるのである。(前掲『国富論』、傍点引用者)

もしそうなら、政府の役割はもはやなくなってしまう。実際スミスは、「自然的自由の体系」の下では、意図した方向に人々を向かわせるための一切の義務から政府は免除される、と述べている。ところが、ここからが面白いのだが、その直後に彼は、にもかかわらず国家がなすべき仕事がなお存在するとして、次の三点を挙げている。その第一は治安維持、第二は司法、そして第三は公共事業である。これらをみると、スミスはもはや国家は必要なくなると考えていたわけではなく、「自然的自由の体系」の下で政府が果たすべき役割とは何かを考えるべきだと認識していたことが分かる。ただし、スミスの挙げた上述の三つの政府機能はいずれも、どの市民にも普遍的に利益をもたらすけれども、市民の個別利益には直接結びつかないという公共的な性質を持っている。したがって、その仕事を積極的に担おうとする人々が自発的に現れない点が問題となる。このため、国家がこれらの仕事を責務として引き受ける必要があるとスミスは主張する。

こうして彼は、『国富論』第四編までで国家の存在を前提としない、市場の自生的な秩序としての「自然的自由の体系」を描き切った後に、第五編で改めて市場では提供されない、しかし、すべての市民にとって共通の利益になる仕事を引き受ける主体として、政府を位置づけ直しているのである。その上で政府は何をなすべきか(「経費論」)、政府が仕事を遂行するのに必要な財源はどのように調達すべきなのか(「租税論」)を検討している。このようにスミスは、「重商主義体系」から「自然的自由の体系」への移行の必要性を説き、その「自然的自由の体系」の下で、市場と国家の新しい関係はどうあるべきかを考察した。これによってスミスは、「市場論」を展開しようとするならば、不可避的に相互補完的な形で「国家論」を展開しなければならないことを『国富論』第五編で示したのである。もっとも、スミス以降の古典派経済学では国家論が消滅し、市場と国家の関係がどうあるべきかを正面から問うことはなくなっていった。この点を考慮すると逆に、スミスの経済学の総合性は際立ってくる。

リカードの資本蓄積論と租税転嫁論

ケネーによる再生産論が偉大な達成だとしても、その問題意識はあくまでも毎年毎年、どのように物流や貨幣の流れが経済システムを循環し、その構造を維持しているかという点に限られていた。それが時間軸を通じて、資本蓄積とともにどのようにダイナミックに発展・変化していくかを分析するという視点はなかった。これは、アダム・スミスの『国富論』の場合でも同様である。つまり、ケネーの経済表やアダム・スミスの『国富論』で展開された分析は、本質的に「静態分析」であって、時間軸を考慮した「動態分析」ではなかった。そして、「経済分析に時間軸を導入すればどうなるか」という研究プロジェクトに初めて本格的に着手したのが、デヴィッド・リカードであった。

彼の描く未来は決して明るいものではなかったが、経済システムを動かしている基本的な動因を分析し、それが時間軸を通じて経済システムをどう変容させていくのかを冷徹に分析してみせることの重要性を、彼は教えてくれる。そして、彼の動態分析に関わるビジョンは、後にマルクスによって引き継がれていく点でも重要である。

ところで、リカードの動態分析(資本蓄積論)を理解するには、まず彼の地代論を理解しなければならない。こう書くと奇異な印象を受ける読者もおられると思う。いったい、地代論と資本蓄積論の間にどのような関係があるのだろうか。これは、当時の基軸産業が農業であったことと関係している。つまり、農業生産を通じて資本が蓄積され、それにともなって地主階級、資本家階級、そして労働者階級の間で、地代、利潤、賃金がどう分配されるのかを分析することが、当時の資本主義経済の発展を分析する上で決定的な重要性を持っていたからである。したがって地代論を検討することは、資本蓄積論を展開することにほかならなかったのである。

さて、リカードによれば地代は、土地が生産にどれだけ寄与したかではなく、土地の肥沃度の違いがもたらす生産力格差によって決定される(差額地代説)。図2はリカードのこの考え方に基づいて、地代発生のメカニズムを説明するための図である。まずいま、図2(a)で示されているように、もっとも肥沃な第一等地だけが耕作されているとしよう。このとき、地代は全く発生しない。次に図2(b)で示されているように、人口の増大その他の理由によって、第一等地よりも劣悪な第二等地で耕作が開始されたとしよう。このとき、地代の大きさは第一等地と第二等地の生産量の差(図2

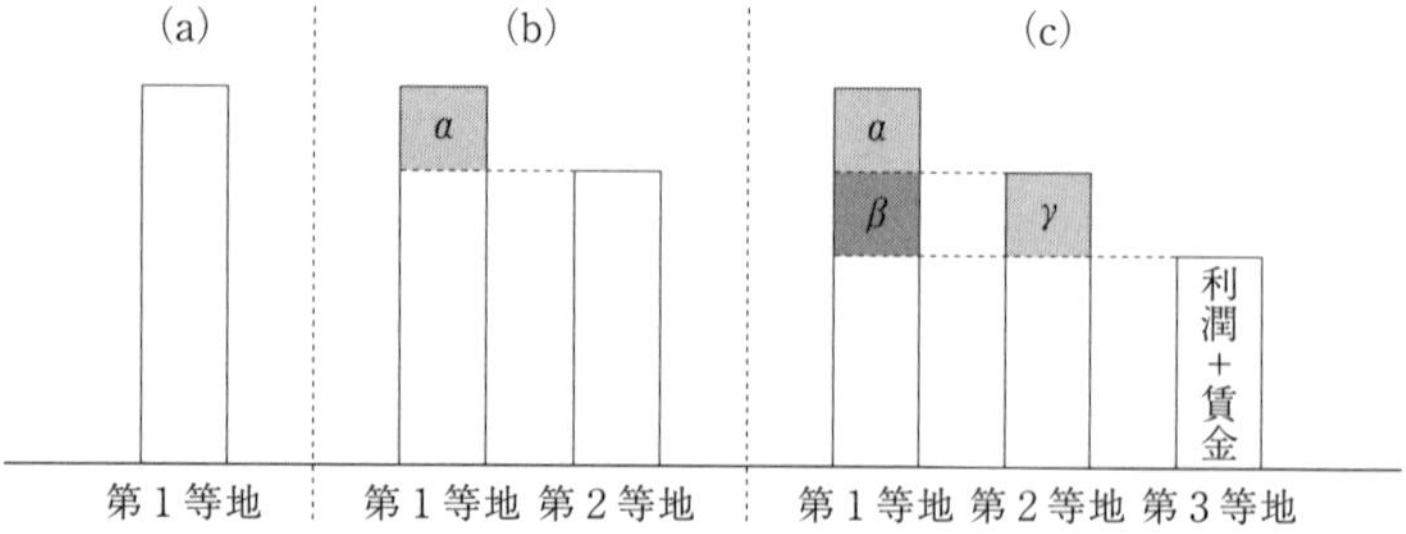

図２　資本蓄積と地代の発生

(b)の「α」)として決定される。さらに人口が増えて、第三等地が耕作に引き入れられたとしよう。このとき、図２(c)に示されているように、地代は「α」に加えて、第一および第二等地と第三等地の生産量の差である「β」と「γ」を足し合わせた合計量になる。図２に描かれているように、もっとも優良な第一等地から始まって、より劣悪な第二、第三等地が耕作に引き入れられるにつれて、より優良な土地の地代は上昇していく(第一等地の場合、「α」から「α＋β」へ)。なぜだろうか。

図２では、どの土地に対しても等量の労働が投下されている。にもかかわらず、第一等地、第二等地、第三等地の間で生産量が異なっているのは、それぞれの土地の肥沃度が異なっているからである。ここで、利潤＋賃金の水準は、常にもっとも劣悪な土地(「限界地」)で決定されることに留意しておく必要がある。図２における限界地の生産量は、耕作従事者に賃金を支払い、そして適正利潤を得るのに必要な生産量の大きさを示している。そして地代が発生するのは、すべての土地で農業生産にともなう収益率(「利潤＋賃金」／投下資本)が均等化されるため、限界地における利潤＋賃金の水準を超え

て生み出される優良地の超過生産量のすべては、地代になるからである。ところでなぜ、すべての土地で農業生産にともなう収益率が限界地の水準で均等化されるのだろうか。いま仮に、土地の肥沃度という自然的条件以外の理由で同一投下資本に対して、より高い収益を得られる投資機会があるとしよう。そうすると、より高い収益を狙ってその投資機会への参入が相次ぐことになる。しかし参入が続けばやがてその収益機会は汲みつくされ、他と同じ水準まで収益率が引き下げられてしまう。逆に、自然的条件以外で他の土地よりも低い収益しか得られない投資機会であれば、資本は引き上げられて他のより高い収益を得られる投資機会に投じられる。こうして、その投資機会の収益率は上昇していくであろう。このような資本の移動は、その土地の収益率が他の土地の収益率に等しい水準に到達するまで続く。こうして、すべての土地で農業生産から得られる収益率が均等化するメカニズムが働くのである。

以上、図2に示されているように、社会の進歩とともに耕作が劣等地へ向けて拡大しても、収益率はすべての土地で均等化されるため、限界地の利潤＋賃金を超えるすべての超過生産額は地代になる。

以上が地代発生のメカニズムである。リカードはこれをベースとして、今度は利潤と賃金の分配が、資本蓄積にともなってどのように変化するのかを考察する。図3は、リカードが用いている数値例に基づいて、この点を説明するための図である。まず図の上半分についてだが、第一等地のみが耕作されている場合には、地代が全く発生せず、全収量が農業者のものとなる。しかし、第二等

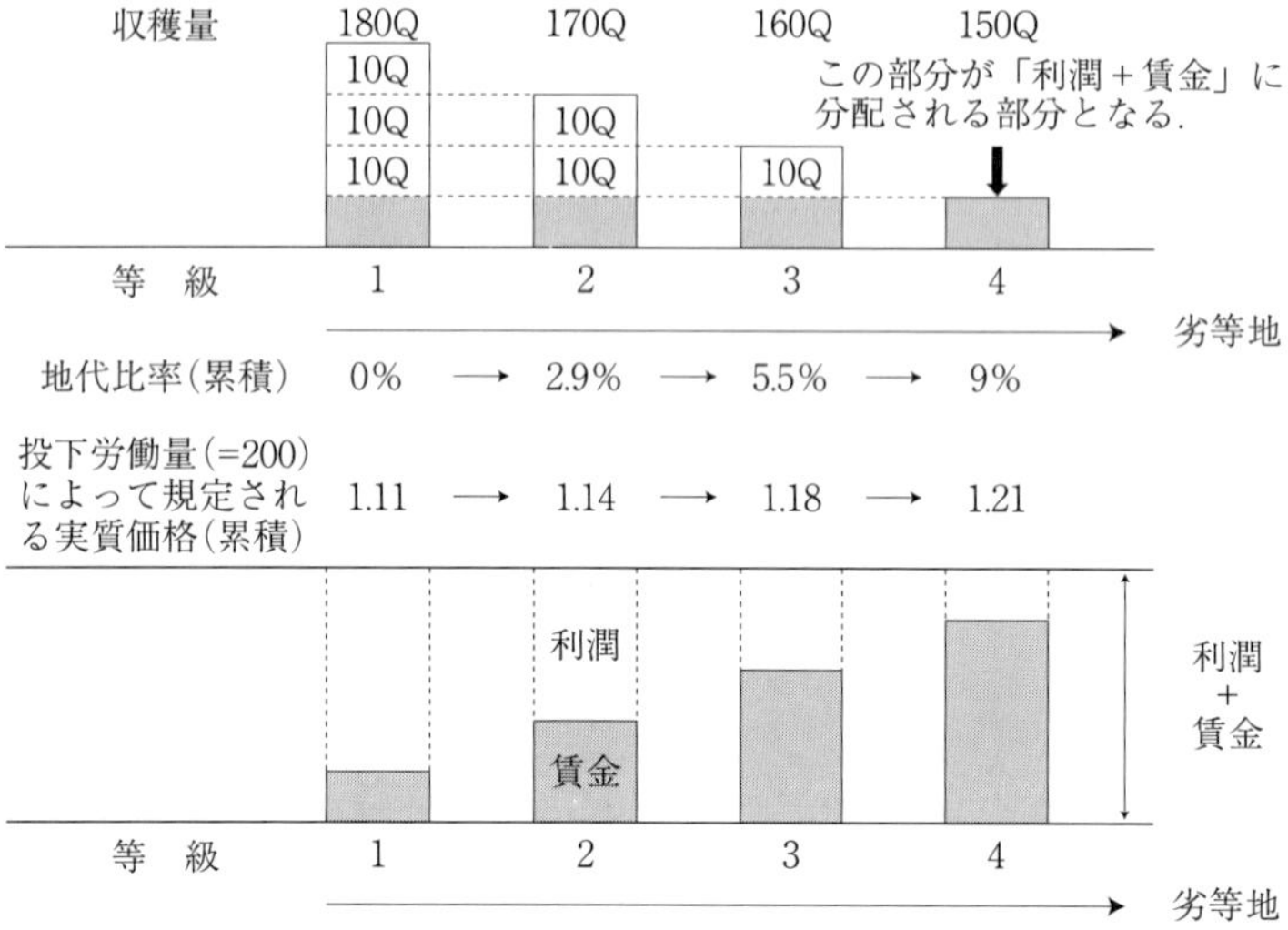

図3　資本蓄積と利潤の低下傾向

地が耕作され出すと、第一等地には一〇クオーターの地代が発生する。第三、第四等地が耕作に引き入れられるにつれて、同一の投下労働量で得られる収量は減少していき、第一等地では一八〇クオーターの収量が、第四等地では一五〇クオーターに減少する(図では、網かけ部分が一五〇クオーターに相当する)。収益率均等化の原理から、農業者の収益率は常に限界地において規定され、全等級の土地で、限界地と同じ収益率が実現する。図のように第四等地まで耕作が進んだとき、発生する地代は合計六〇クオーターになる。

耕作地の外延的拡大(劣等地に向けて耕作をどんどん拡大していくこと)は、利潤と賃金の分配にはどのような影響を及ぼすのであろうか。まず、すでに述べたように外延的拡大につれて収益率は低下し、逆に、地代の収穫総量に占める比率(図3では「地代比率」として示されている)が上昇していくことを確認しなければならない。図3の「地代比率(累積)」の行に示されているように、耕作が進んでいくにつれて累積的な地代比率は当初の〇パーセントから九パーセントに顕著に増大していく。その裏側では、地代比率が上昇した分だけ、収穫総量のうち利潤と賃金に充てられる部分が占める比率(「収益率」)は減少していく。

次に、外延的拡大とともに逓減的に増加していく収益は、利潤と賃金に対してどのような比率で分配されるのだろうか。結論を先にいえば、賃金率は上昇し、利潤率は低下していく。図3の下半分に示されているように、外延的拡大にともなって収益に占める賃金の比率は上昇し、逆に利潤率は低下するからである。

賃金率の上昇が引き起こされるのは、外延的拡大にともなって追加的な食糧生産にますます多くの投下労働量が必要になり、そのことが食糧価格の上昇を招くからである。図3には、各等級の土地に対してそれぞれ二〇〇の労働を投下したと仮定した場合の「実質価格」が記載されている。つまり、第一等地では二〇〇の投下労働量に対して一八〇クオーターの収益が得られたので、その「実質価格(=一クオーターあたりの投下労働量)」は、二〇〇/一八〇=一・一一となる。次に、第二等地が耕作に引き入れられた場合、総収穫量は一八〇クオーター(第一等地)と一七〇クオーター(第二等地)の合計三五〇クオーターであり、このときの投下労働量は合計四〇〇なので、「実質価格」は、四〇〇/三五〇=一・一四となる。同様の計算をしていけば、第三等地まで耕作に引き入れられた場合の実質価格は一・一八、第四等地まで耕作に引き入れられた場合の価格は一・二一、という具合に上昇していく。ちなみに、ここでいう「実質価格」とは、穀物の需要と供給を均衡させるような価格という意味ではなく、古典派経済学の意味での価格である。つまり、労働価値説に基づく古典派経済学の世界では、価格は基本的に投下労働量によって規定されるとの想定がある。したがって、一単位の穀物生産により多くの投下労働を必要とするようになれば、必然的にその価格は上昇せざるを得ない。

こうして穀物の実質価格が上昇すると、労働者の再生産を保証するためにも、賃金率は食糧価格の上昇を反映して上昇せざるを得なくなる。結果として、図3の下半分に示しているように収益に占める賃金の比率は上昇し、逆に利潤の占める比率は低下する。こうして、人口の増大や社会の進歩にともなって食糧の増産が必要になり、耕作地の外延的拡大が行われると、㈠収穫逓減の法則(耕作地の外延的拡大を図ると、劣等地では同一の投下労働に対して収量が低下していくことを指す)により投下労働量あたりの収量は低下し、㈡逆に地代比率は上昇し、そして、㈢食糧価格の上昇をカバーするために賃金率が上昇するため、その反面として利潤率は低下することになる。これがリカードによって示された、農業生産における「利潤率の長期低下傾向法則」である。

以上のように、リカードは資本の蓄積にともなって利潤が長期的には低下する傾向があることを指摘した。もちろん、これは一定の想定の下で生じることなので、この低下傾向から抜け出す道がないわけではない。第一に、新たな肥沃地を国外に獲得するという方法がある。これは植民地獲得への渇望にもつながり、帝国主義への道にほかならないが、もちろんリカードがこのような道を支持したわけではない。彼はむしろ自由貿易を推奨し、海外から安い穀物を輸入することで実質的に新たな肥沃地を獲得するのと同じ効果をもたらす方策を取るべきだと考えていた。実際、彼は「穀物法論争」と呼ばれる論争において、食糧輸入を制限する穀物法を批判し、その自由化を徹底して支持したが、それは上述のような資本蓄積論を背景としていたのである。

利潤率の長期低下傾向法則を抜け出す第二の道は、技術革新を行って農業の生産性を引き上げること、つまり同じ投下労働量でより多くの農業生産物を生産できるようにすることである。この論点は、彼の『経済学および課税の原理』第三版第三一章「機械について」で詳細に展開されている。他方で彼は、技術革新が一定の生産を可能にする労働者の数を削減していく効果を持つため、失業を増加させる可能性について、新たな問題点を指摘することを忘れていない。

以上二つの方法によって利潤率に関する長期低下傾向を回避することはできるが、長期的には食糧価格の高騰と、それによる賃金上昇が利潤率を限りなくゼロに押し下げ、やがては資本蓄積への動機づけを奪ってしまうであろうとリカードは指摘している。このように彼は、資本主義の将来についてきわめて悲観的なビジョンを持っていた。しかし、リカードの分析結果を承認しながらも、資本蓄積の停止は必ずしも悪いことではないと考えるジョン・スチュアート・ミルのような経済学者もいる。彼は、その著書『経済学原理』(一八四八年)において資本蓄積が停止した状態のことを「停止(定常)状態」と呼んだ。この状態は、もはや人々が資本蓄積のためにあくせくすることはなく、文化、芸術、そして知的な楽しみを覚えて快適な暮らしを送るだけでなく、その道徳的能力を向上させる、人類のより進歩的な状態の象徴にほかならないとした。

リカードの議論でもう一つ興味深いのは、租税の転嫁と帰着に関する議論である。彼の主著が『経済学および課税の原理』(一八一七年)と題されているように、この著作では前半で経済学の原理が打ち立てられるとともに、後半でその原理が租税の転嫁と帰着問題に応用されている。もっともアダム・スミスの場合と異なり、リカードが国家論を持っていたわけではない。したがって『経済学および課税の原理』では、「国家は何をなすべきか」とか、「市場と国家の関係はどうあるべきか」という問いは一切取り扱われていない。彼にとって租税論は、純粋に経済学原理の応用問題だったのである。ところで、彼の分析に基づくと、たとえば賃金税はどのように評価されるのであろうか。賃金に対して課税がなされ、労働者に負担が帰着してしまうと、彼らは自らの再生産を行うことができなくなるので、結局は資本家がその分だけ賃金を引き上げざるを得なくなり、実質的に彼らが税を負担することになるとリカードは主張する。つまり、課税額だけ賃金を引き上げることで労働者の再生産を保証しなければならないので、その分だけ利潤が減少するのである。したがって、賃金税の負担は利潤に転嫁され、資本家に帰着することになる。このため資本蓄積のための原資が失われ、その促進が妨げられることになる。ここから、利潤のみならず賃金に対する課税も推奨されないという結論が引き出される。

これに対して地代に対する課税は、地主に帰着して他に転嫁されることはなく、資本蓄積を阻害しないという点で、利潤や賃金への課税よりも推奨される。なぜなら、地代に対する課税は、生産物総額のうち利潤と賃金に充てられる収益部分を差し引いた残余に対する課税であり、したがって利潤と賃金の水準に影響を与えないからである。資本蓄積のための原資である利潤は影響を受けずにすむので、地代への課税が経済の再生産や蓄積を阻害することはない。これが、地代への課税が利潤や賃金への課税に比べて望ましい理由である。これは、土地単一税を主張したケネーの結論と基本的に同じである。ケネーは経済の再生産という静態的な観点、リカードは資本蓄積という動態的な観点を強調したが、どちらも経済の再生産や蓄積に必要な原資を超える超過生産物(純生産物)に対する課税を主張し、結果としてその取得者である地主への課税を推奨することになった。これは、資本主義経済システムがその萌芽期から産業革命を経て勃興していく時期に当たり、とにかく得られた収益の中から少しでも不生産的な消費を減らし、より多くを投資に回して資本蓄積を促進し、次期により大きな果実を得ることが至上命題とされた時代に適合的な課税原理であった。

(二) 資本蓄積と貧困・搾取・恐慌——マルクスの経済学

資本主義経済の基本問題

以上のように、経済学の草創期の経済学者たちは、いかにして人為的な要因を取り除き、資本主義をその本来の発展軌道に乗せるかという問題と格闘した。しかし、資本主義の発展がそれなりに順調に軌道に乗ると、今度はそれがもたらす問題が顕在化するようになってきた。資本主義経済の発展にとってとりわけ重大な問題となったのは、まず景気循環とそれにともなう失業の問題、次に貧困問題、そして最後に社会的不平等の問題であった。これらは、資本主義が発展していく過程でいかに多くの犠牲がともなうかを認識させただけでなく、それを放置しておけば、やがて資本主義そのものの存立基盤を揺るがしかねない点で、決定的な重要性を持っていた。以後、これらの問題は現代に至るまで経済学の基本問題であり続けているが、それに対して初めて本格的かつ体系的に取り組んだのがカール・マルクスであった。

マルクスが生きていた時代には、これら三つの資本主義経済システムの基本問題が顕在化するようになっていた。まず、一九世紀に入るとほぼ一〇年おきに周期的恐慌が起こるようになった。景気がよいと生産者は増産に走り、需要を大きく上回る過剰生産の結果として価格暴落が生じ、恐慌へ突入、それに引き続いて企業の連鎖的倒産が起き、失業者が街路にあふれるといった事態が毎回繰り返された。たしかに、需要と供給が常に合致するとは限らず、それが合致しない場合に、強制的に両者を調整する手段としての恐慌は、初期資本主義にとって不可避だったかもしれない。しかし、その過程で職を失い、路頭に放り出されて貧困にさまよう人々が増えるにつれて、このシステムにはどこかおかしいところがあるのではないかという疑問が生まれていった。ここから、資本主義の景気循環をコントロールすることで恐慌を回避するため、計画経済を導入すべきだという思想が生まれてくる。

次に、貧困問題もまた、資本主義経済システムにおける基本問題の一つだといえる。もちろん、貧困問題は封建時代にも存在していたが、資本主義経済システムの下では、封建時代とは全く異なる次元で貧困問題が深刻化する傾向がある。というのは、資本主義経済の蓄積過程には、貧困を作り出すメカニズムが常に働いており、マルクスが明らかにしようとしたように、貧困の存在自体が資本蓄積の条件にすらなっていたからである。現代では社会保障制度が整い、最低賃金や労働三権など、労働者の基本的権利が認められているため、資本主義が生み出す問題が深刻化しないよう言わば「安全装置」が市場に埋め込まれている。しかし、そのような安全装置もなく、国家による規制を受けない、マルクスが生きていた時代の荒々しい資本主義の下では、現在では考えられないような非人道的な貧困問題が生み出されていた。そのことは、マルクスの盟友フリードリッヒ・エンゲルスの著作『イギリスにおける労働者階級の状態』(一八四五年)にきわめて印象的な形で描かれている。

当時、都市はあらゆる貧困問題の巣窟であった。都市には工場が立ち並び、農村から出てきた労働者は生きていくために、それらの工場で働いていた。エンゲルスが上記書物で描いたのは、彼らがいかに劣悪な居住環境と衛生・健康状態の下に置かれていたのかということであった。当時のリバプールにおける上流階級の平均寿命が三五歳であったのに対し、驚くべきことに「商人と富裕な手工業者」の場合はそれが二二歳、「労働者階級」の場合、平均寿命はなんと一五歳だったという。現代と比べて異常に低い平均寿命については早死にする子どもが多かったという事情を考慮するとしても、上流階級と労働者階級の間には驚くべき平均寿命格差があったことが分かる。労働者は生きていくための最低限の賃金しかもらえず、貧困の中で生きていたために子どもたちですら働いていた。当時は児童労働に対する規制がなかったために、彼らは一週間休みなく働き、学校へも通えなかったという。教育を受けることができなかった子どもたちは結局、成長しても低賃金の単純労働に就かざるを得ず、貧困から抜け出すことはできない。こうして貧困そのものだけでなく、貧困が世代を通じて継承され、社会階層間で格差が固定化していく問題が顕在化していく。これが、資本主義経済の三番目の基本問題である社会的不平等の問題である。

マルクスは資本主義経済システムから生み出されるこれらの問題に深い関心を抱いていた。しかし、彼が取り組んだのはこれらの問題を解決するための具体的な政策論を展開することではなく、資本主義経済メカニズムの徹底した解明であった。というのは、彼は資本主義経済システムがなぜこのような問題を発生させるのか、そのメカニズムを解明することが、迂遠だが問題の解決にはより重要な課題だと考えたのである。たしかに、ある問題を解決しようとする場合、その問題の原因を徹底して解明しなければ、適切な解決策を提示することはできない。それが彼の主著『資本論』(第一巻、一八六七年)の執筆動機である。彼が『資本論』から引き出した結論を要約すると、以下のようになる。

(a)資本主義経済は、上述の基本問題を不可避的に発生させる経済体制である。

(b)資本主義経済は、上述の問題を自律的に解決するメカニズムを内蔵していないため、問題を自ら解決することはできない。

(c)それどころか、問題は時間の経過とともにますます激化し、やがてそれは、資本主義経済システムの崩壊をもたらす。

(d)資本主義の基本問題を解決するためには、資本主義経済の「無政府性」(誰もその運行をコントロールしようとしないこと)を克服し、社会主義経済、つまり計画経済に移行することが必要になる。

マルクスのこのような結論は、それまでの他のどの古典派経済学者とも異なる個性的なものだったが、それは、資本主義経済の本質に関する彼自身の深い洞察に基づいたものであった。彼が『資本論』での分析を通じて、当時起きていたさまざまな経済問題が、資本主義経済システムの動態から必然的に引き起こされることを明らかにした点は、多くの人々の蒙を啓いた。マルクス以降、これらの経済問題は単なる弥縫策では解決せず、より根本的な解決には、資本主義経済システムそのものの変革が必要だという認識が広まったが、これは『資本論』の影響なくしては考えられない。以下では、その『資本論』でどのような分析が展開されたのか、そのエッセンスを取り出すことにしたい。

マルクスによる資本主義経済分析

マルクスは、資本主義の動因を利潤の源泉である「剰余価値」の創出に求めた。したがって剰余価値とは何か、そしてそれはどのようにして生み出されるのかが重要な問いになる。マルクスの用いた記号を使って議論するとすれば、資本家はまず、手元にある貨幣(G)を元手に生産要素(原材料や労働など)となる商品の購入を行う。それを用いて生産(P)を行い、製造された製品(W′)を販売することによって再び貨幣(G′)を手に入れる。この一連のプロセスを模式的に表したのが以下である。

G(貨幣)—W(商品=生産要素)...P(生産)...W′(製品=商品)—G′(貨幣)

ここで、W′やG′など、右肩に「′」が添えられているのは、その価値が当初よりも増加していることを示す。つまり、G′=G+ΔGであり、W′=W+ΔWである。このΔGが剰余価値である。通常、生産者は自らが生産要素として仕入れた生産財の価値額を上回る価値額を持つ財を生産し、それを販売することによって利潤を得る。しかし、マルクスの言うように、資本主義社会では貨幣と財の交換は「等価交換のルール」に則って行われるので、G—WあるいはW′—G′のプロセスでは、剰余価値は発生しようがない。どこで剰余価値は生まれるのか。上記の一連のプロセスを眺めてみるならば、それはW—P—W′のプロセスにおいてしかありえない。つまり、生産が行われる段階である。そして、ここで剰余価値が生まれるのは、マルクスによれば、労働と賃金が等価交換になっていないからである。つまり、労働力の価値に等しい賃金が労働者に対して支払われていないのである。このことを、マルクスは資本家による労働者の「搾取」と呼んでいるが、彼はこの点に、剰余価値発生の秘密を見出していくのである。それでは、どういうメカニズムで搾取が行われ、剰余価値が創出されるのかを、より詳しくみることにしよう。

マルクスは労働価値説に立脚しているので、商品の価値は投下労働量によって決定されると考える。労働者が、その製品を完成させるのに一日八時間の労働時間を要したとすれば、その製品には八時間労働に相当する価値が付与される。他方で、労働者は自分の労働力を再生産するために、食料や衣服など生活を支えるため財貨を購入し、それらを消費する。これらの財貨を生産するのに投下される労働のことを「必要労働」という。いま、図4の例では必要労働は四時間分の労働に相当している。もし、資本家が必要労働(四時間分)に相当する価値しか賃金として支払わず、他方で、その労働で生産した財を販売することで投下労働量(八時間分)に等しい価値を収入として手に入れることができるならば、彼はその差である四時間分の投下労働量に等しい価値を「剰余価値」として入手できる。この剰余価値を生み出すために投下された労働のことを、マルクスは「剰余労働」と呼んでいる。

総労働(8時間) 商品価値＝投下労働量	
必要労働(4時間) 賃金	**剰余労働**(4時間) 剰余価値

図4 「搾取」発生のメカニズム

以上をまとめると次のようになる。生産される商品の価値は、その生産に投下される労働量(その大きさは労働時間によって測られる)の大きさによってのみ決定される。しかし労働者に対しては、その生産に投下された労働量に等しい価値の支払は行われず、彼らの再生産に必要な労働量に等しい価値の支払のみが行われる。この結果、総労働と必要労働の差である剰余労働が生み出され、この剰余労働によって生み出される価値こそが、「剰余価値」として利潤の源泉となる。この商品の価値を、労働を通じて生み出したのが労働者なのであれば、本来、投下労働量に等しい価値の賃金が彼らに対して支払われるべきであろう。しかし上述のように、実際には資本家は必要労働に等しい価値しか彼らに支払わないため、マルクスは資本家による剰余価値の取得を、「搾取」の名で呼んでいるのである。

もちろん、生産には労働だけでなく資本も寄与しているので、資本にはそれにふさわしい報酬が与えられるべきだと考えることもできる。しかしマルクスは、第一に、資本に含まれた価値は過去の労働(彼はそれを「死んだ労働」と呼んでいる)が体化したものであり、究極的には資本の価値も労働に依拠していること、第二に、資本に含まれた価値は、それによって生み出された商品に価値通り移転されるだけであって、資本の働きによって新しい剰余価値が生み出されるわけではないこと、以上二点の理由を挙げて、労働のみが剰余価値の源泉であることを説明している。

さて、資本家には常に利潤を最大化したいという動機づけが働くので、以下の二つの方法で剰余価値を増大させようと試みる。第一は、マルクスが「絶対的剰余価値の生産」と呼んだものである。

これは、図4における必要労働と剰余労働の比率そのものは変化させることなく、総労働時間のみを増大させることで剰余労働を増加させる方法である。たとえば、総労働時間を現行の八時間から一〇時間に増やすことができれば、必要労働と剰余労働の比率を一対一のまま一定に保ったとしても、前者と後者にはそれぞれ労働時間が五時間ずつ配分される。つまり、当初の四時間よりも一時間分、剰余労働は拡大することになる。これに対して第二の方法は、マルクスが「相対的剰余価値の生産」と呼んだものである。これは、総労働時間を一定としたまま、必要労働と剰余労働の比率を変えることによって剰余労働を増加させる方法である。これが可能なのは、必要労働以下に賃金を切り下げることができる場合か、技術革新によって労働力の再生産に必要な投下労働量が減少する場合である。図4の例でいえば、現在は一対一である必要労働と剰余労働の比率を、たとえば三対五に変えることができれば、総労働時間は変化せずとも剰余労働を増やすことができる。このように、絶対的か相対的かを問わず、剰余労働を増加させることができれば、資本家の手元にはその分だけ、より多くの剰余価値が流れ込むことになる。

以上のことから、剰余労働を増やすためには、労働者に長時間労働を課すか、あるいは必要労働を削減すればよいことが分かる。そして実際、利潤を最大化しようとする企業には、これらのことを実行しようとするインセンティブが働く。これは、激しい競争にさらされる資本家の側からすれば当然のことであろう。彼らは競争を勝ち抜くためには少しでも多くの利潤を獲得し、その中から少しでも多くを投資に回し、資本蓄積を進めなければならない。このことを怠った企業は競争で敗れ去ってしまう。こうして企業に対しても、市場から生き残りをかけたプレッシャーがかかってくる。このことが、なぜ国家による労働時間と賃金水準に対する規制が必要になるのかを説明する。つまり規制がなければ、労働時間は二四時間の絶対的な上限の範囲内で際限なく増加する可能性があり、他方で賃金は必要労働ぎりぎりか、場合によってはそれを下回って下落していく可能性がある。エンゲルスが『イギリスにおける労働者階級の状態』で描いた悲惨な状況は、まさにこのような剰余価値最大化のメカニズムによるものであり、適切な規制がなされなければ、労働者の健康を害し、その生存を危険にさらすことになる。

実際、こうした恐れから、その後の資本主義諸国では労働時間や最低賃金の規制が行われるようになった。資本家に対して立場の弱い労働者の交渉力を強めるため、団結権や団体交渉権、団体行動権(争議権)など、いわゆる労働三権が認められるようになった。これらの規制はたしかに、企業に対して「絶対的剰余価値」や「相対的剰余価値」の生産を制限し、利潤獲得の余地を狭めるよう作用する。したがって、このような規制の導入に対して企業は通常、反対をする。しかし、逆に規制がなければどうなるだろうか。際限なく労働時間が延び、賃金が再生産を困難にする水準にまで低下してしまうと、労働力の再生産そのものが困難になる。そこまでいかなくても、労働者の肉体的・精神的状況は悪化し、労働力の質は低下する。こうなると、彼らはただ労働に従事するだけで精いっぱいとなり、ましてや、学習する機会をつかんで自らの能力を高める(人的資本への投資を行う)余裕はほとんどなくなってしまう。これらのことは、結果として労働生産性を低下させ、資本家にとって満足のいく剰余価値を引き出すことができなくなることを意味する。逆にいえば、規制は短期的には剰余価値を引き下げるよう作用するかもしれないが、長期的には労働生産性を高め、資本蓄積をむしろ促進する効果すら持つであろう。

とはいえ、熾烈な競争の中である企業が単独で他企業よりも労働者の賃金を引き上げたり労働時間を短くしたりすれば、その企業は市場で敗北を喫するだろう。ここに国家の役割がある。つまり、国家が市場参加者すべてに適用される共通の競争ルールとして、労働規制を課す必要があるのだ。ここでいう規制とは、国家による恣意的な市場介入を意味しない。むしろそれは、市場に参入するすべての企業に平等に適用される「公正競争ルール」として、競争条件を企業間で均等化する意味を持つ。こうした規制の埋め込まれた市場では、労働者を保護するルールを守って競争してこそ、「公正な競争」だとされる。逆に、それを守らない場合は「労働ダンピング」と指弾されるであろう。実は現代の資本主義は、ほかにも環境規制などさまざまな規制の埋め込まれた市場から成り立っており、マルクスの描いた、規制のない純粋な資本主義ではもはやない。しかし彼の分析は、それら「安全装置」としての規制が、規制緩和によって外されていき、「素の資本主義」が現れたときに何が起きるかをよく教えてくれるという点で、いまなお現代的な意義を持っている。

もう一つ、『資本論』で重要なのは、マルクスが資本主義経済システムの動態分析を試みている点である。リカードと同様に資本主義の長期的な動態に関心を持っていたマルクスは、資本蓄積が進むにつれてそれがさまざまな矛盾を生み出し、その存続を困難にするような条件を自ら作り出すことを明らかにしようとした。「利潤率の低下傾向法則」「過剰労働人口の発生」「恐慌の発生」の三つがそれである。

まず、利潤率の低下傾向法則はリカードが引き出した結論と同じだが、その論理はかなり異なっている。リカードの場合、利潤率低下の論理は次のようなものであった。つまり、資本蓄積が進むにつれてより劣等な土地が耕作に引き入れられ、穀物価格が上昇する。それをカバーして労働力の再生産を保証するためには、賃金を引き上げる必要があるが、これは結果として利潤を低下させることになる。これに対してマルクスの論理では、逆に資本全体に占める賃金部分の比率の低下が利潤率の低下に結びついていく。この点を詳しくみてみたい。

マルクスによれば、資本蓄積が進むということは、資本の有機的構成の高度化を意味した。この議論を理解するには、「可変資本(「生きた労働」)」と「不変資本(「死んだ労働」)」という概念を理解しておく必要がある。前者は、これは、総資本の中で剰余価値を生み出し、商品の価値を変化(増加)させるために「可変資本」と呼ばれるが、具体的には賃金に充てられる資本部分を指す。これに対して「不変資本」は、その価値を変化させることなく価値通り移転させるだけなのでそう呼ばれるが、具体的には生産手段に投下される資本部分を指す。資本の有機的構成の高度化とは、総資本に占める不変資本の比率が高まり、逆に可変資本の占める比率が低下する傾向を指す。これは、資本主義の発達とともに軽工業から重化学工業へと進み、工場や装置・設備が大規模化するため、固定資本比率が高まっていく傾向をイメージしていただくとよい。こうして資本の有機的構成が高度化していくと利潤率が低下する、というのがマルクスによる資本主義動態分析から引き出される第一の結論である。

このことを、利潤率と資本の有機的構成の関係をチェックすることで確かめておきたい。いま、「剰余価値はすべて利潤に転化する」と仮定すると、利潤は以下の式のように総資本(C)に占める剰余価値(m)の比率として定義できる。

p′(利潤率)＝m(剰余価値)/C(総資本)＝(m/v)・(v/C)＝m′・(v/C)

ただし、m′(剰余価値率)＝m(剰余価値)/v(可変資本)

次に、「m/C」は上式に示されているように、「(m/v)・(v/C)」と便宜的に書き換えることができる。ただし、「m/v」は剰余価値率(m′)を示すので、その定義を使ってさらに先ほどの利潤率の定義を書き換えると、最終的に、「p′＝m′・(v/C)」となる。なお、「v/C」は総資本に占める可変資本の比率、つまり可変資本比率である。

資本の有機的構成の高度化とは、上述のように、資本蓄積の進行につれて可変資本の比率が減少することを指すので、このことは可変資本比率「v/C」の値が減少することを意味する。いま、剰余価値率(m′)が一定だとすれば、上式に示された関係より、可変資本比率「v/C」が低下すれば、利潤率(p′)は低下することになる。こうして、資本蓄積の進行につれて、長期的には利潤率が低下していくことが分かる。これをマルクスは、「利潤率低下傾向の法則」と名づけている。

以上の結果は、マルクスによる資本主義動態分析における第二の命題、つまり「過剰労働人口の発生」につながっていく。なぜなら可変資本比率、つまり総資本のうち賃金に充てられる資本比率が減少するなら、追加的に一単位資本を増やすときの雇用吸収力は逓減していくからである。したがって資本蓄積の進行につれて雇用の絶対数は増加するが、その増加率は逓減していくことになる。もし、逓減していく労働需要の増加率が、人口増加率を下回っていれば、「過剰労働人口」が発生することになる。実際、マルクスはそのように述べている。この場合、「過剰労働人口」は吸収されずに社会に蓄積していき、「産業予備軍」となる。「産業予備軍」となった労働者は失業の状態に置かれ、貧困に苦しむことになる。さらに、このような「産業予備軍」の存在が労働の超過供給を生み出し、現役労働者の賃金引き下げ圧力となってしまう。労働者にとって貧困を意味するこの状況は、資本蓄積を進める観点からは必ずしも悪い状況ではない。なぜなら、「産業予備軍」の存在によって賃金の引き下げ圧力が働くならば、労働力に対してその価値以下でしか支払わなくてもよい状況が生み出され、したがって「相対的剰余価値の生産」を可能にするからである。

マルクスによる資本主義の動態分析第三の命題は、「恐慌の発生」である。資本主義経済システムは、その蓄積過程で景気循環を生み出し、周期的恐慌に見舞われるようになる。資本蓄積の進行とともに、恐慌の谷はより深くなり、やがてそれはシステムそのものを崩壊させるに至る。これが、マルクスによる資本主義経済システムに関する長期見通しである。その論理は次のようなものである。

まず、資本蓄積の過程は、固定資本の蓄積とその大規模化を促すことになる。それを支えるには大規模な資金調達が必要になるが、そのために株式会社制度や銀行による信用機能の発達が促される。重化学工業を中心とする生産の大規模化は、技術的な観点から資本の集中・集積を促進することになる。他方で、市場競争の過程で優勝劣敗がはっきりし、敗者が市場から退場し、勝者が市場でより大きなマーケットシェアを占有することでも、資本の集中・集積が促進される。このように、資本蓄積が進行すると、第一に技術的要因から、第二に市場競争の結果として、独占・寡占化が促される。

いったん独占・寡占が成立すると、産業は、生産を社会的に最適な水準ではなく、独占利潤の最大化を可能にするような水準で行おうとする。これはよく知られているように、社会的に最適な水準よりも低い水準に生産を留め置くことを意味し、そのときに決定される価格は、社会的に最適な水準と比べて高止まりすることになる。そうすることで、独占利潤の最大化が図られる。しかし他方で、このことは固定資本の蓄積によって生み出された膨大な生産能力が使い切れないことをも意味する。つまり、「過剰生産能力」の発生である。

上述したように、資本蓄積とともに過剰労働人口が生み出されるので、労働者の側では貧困問題が生まれ、結果として彼らの購買能力を低下させることになる。こうして、一方で過剰生産能力が発生し、他方で過剰労働人口の形成による購買力の低下が発生するわけだから、需給の均衡条件がやがて破壊され、恐慌が発生する。もっとも、こうすることによってのみ、過剰生産能力は調整され、資本主義経済の再生産過程は再び正常に戻ることができる。しかし、時間が経つと再び過剰生産能力問題が顕在化し、恐慌に突入する。こうして資本主義経済は、恐慌に周期的に見舞われることになる。しかも、その恐慌の程度は時間とともに深刻化する。というのは、一方で過剰な資本の蓄積が一層進行するとともに、他方での過剰労働人口の蓄積がさらに進むために、時間とともに両者のギャップは一層大きくなり、恐慌の深刻さはますます激しさを増すからである。そして、ついには資本主義経済の矛盾が爆発する。

生産手段の集中と労働の社会化とは、それらの資本主義的外被とは調和しえなくなる一点に到達する。外被は爆破される。資本主義的私有の最期を告げる鐘が鳴る。収奪者が収奪される。

(向坂逸郎訳『資本論』)

つまり、資本主義経済システムの矛盾が頂点に達し、革命によって資本家的私有制は、社会的所有制に取って代わられるのである。

マルクス以降の資本主義とマルクス経済学

以上が、マルクスによる資本主義経済システム分析の概要である。マルクスの分析結果は、その後の資本主義の動きによって、その正しさがまさに「証明」されたといえよう。つまり、『資本論』以降、生産は実際にますます大規模化し、資本はますます少数者の手に集中され、独占・寡占化傾向が顕著になった。資本主義は景気循環を克服することができず、相変わらず周期的恐慌に見舞われていた。その振幅は時間の経過とともに深まり、その矛盾が極限に達したのが、一九二九年に始まる世界大恐慌であった。

しかし、皮肉なことに、マルクスの正しさを究極的に証明したかにみえた、この世界大恐慌を背景として、資本主義経済を救う理論が生まれた。それが後に詳しくみる、ケインズの『雇用、利子および貨幣の一般理論』である。戦後資本主義は、このケインズ理論を現実に適用していくことによって恐慌と失業の問題をある程度克服することができるようになっていった。さらに貧困問題も、経済成長と福祉国家化によってかなりの程度解決が図られ、社会的不平等についても、ピグーが理論的に根拠づけたように、社会保障や累進的所得税などの分配政策を導入することで緩和された。つまり、世界大恐慌やニューディールを経て、二〇世紀後半以降の資本主義は、マルクスが一九世紀に分析した純粋な資本主義とはずいぶん異なった姿に変貌したのである。こうして、資本主義経済システムの自己崩壊は未然に防がれた。

こうした資本主義の変貌に対して、マルクスが与えた影響は非常に大きかったと評価することができよう。たしかに、マルクスが望ましいと考えた社会主義化の方向は、ソビエト連邦をはじめとする旧社会主義国の崩壊によって挫折した。しかし、マルクスの理論に立脚し、それに大いに影響を受けたさまざまな潮流の社会主義運動は、先進国で資本主義に規制を加え、福祉国家化させることによって、それを安定化させることに成功した。

資本主義がこうして変容したのであれば、マルクス経済学による資本主義分析も、その変貌に対応して大きく革新される必要があった。にもかかわらず、第二次世界大戦後もマルクスの理論をそのまま機械的に適用しようとしたため、マルクス経済学の分析は現実から乖離することになってしまった。つまりこれらの理論に基づく現状分析は、いつかは再び恐慌が襲来し、資本主義経済システムを崩壊に至らせるはずだという想定(期待?)に立っていたが、それらはことごとく現実によって裏切られた。結果としてマルクス経済学の権威は失墜し、少なくとも現実の資本主義分析の道具として、ほとんど使い道のないものとなってしまった。いまマルクス経済学に求められているのは、マルクスの精神を引き継ぎながらも、マルクスの分析枠組みを大きく修正して現代資本主義を分析できる新しい理論的枠組みを構築することであろう。

マルクスの将来ビジョンという点については、たしかに資本主義が自己崩壊するという彼の「予言」は外れた。それどころか、彼がオールタナティブとして提示した社会主義の方が崩壊したため、マルクスはもはや「終わった思想家」とみなされがちである。しかし、本当にそのような結論ですませてしまってよいのであろうか。一九八〇年代以降に経済のグローバル化が進展にするにつれて、産業の国際競争力強化を理由に金融自由化、規制緩和、民営化が進行した。これらは、いったんは市場に埋め込まれたはずの「安全装置」が解除されることを意味し、再び資本主義経済の基本問題を顕在化させることになった。労働コストの安い中国など「新興国」が世界市場に参入したことで、企業にとって利潤の獲得を保障してくれる賃金水準は大幅に引き下げられた。このため先進国企業は、生産拠点を新興国に移して現地の安い労働力を享受するか、あるいは、国内にとどまって生産を続けるか、の二者択一を迫られた。ただし、国内にとどまるには条件があった。それは労働規制を緩和し、労働コストを引き下げることである。こうして産業界は労働規制緩和を求め、実際、それに応じて日本でも労働規制が緩和された。現在深刻になっているワーキングプアに象徴される雇用の不安定化や低賃金の問題は、労働市場における規制緩和の帰結という側面を持っている。戦後の高度経済成長と、不十分ながらの福祉国家化によって、いったんは克服しつつあるかにみえた貧困や社会的不平等の問題だが、こういう形で再び我々の前に大きな社会問題として立ち現れている。つまり、資本主義経済の基本問題は、すでに克服されて消え去ったわけではなく、国家による制御が外れれば、いつでもそれ本来の姿を現すという意味で、資本主義の本性に変化はない。このことは、マルクスによる資本主義経済システムの分析が、いまなお、その「基底」においては有効性を持っていることを我々に認識させてくれる。

(三) 「私的なもの」と「社会的なもの」の乖離——ピグーによる市場介入の経済学

資本主義経済システムの変貌と「自由放任の終焉」

資本主義経済システムを鋭く批判したマルクスだが、彼は社会主義経済システムの具体像を示したわけでも、それに移行するための具体的な政策論を展開したわけでもなかった。マルクスが政策論を示さなかったのは、それがいずれは自己崩壊を遂げるはずのシステムであり、その修正を通じて崩壊から救い出す理論を提示する必要はないと考えていたからかもしれない。しかし、資本主義の欠陥を正面から見据え、その病理を診断して処方箋を示そうとした経済学者たちもいる。このような経済学者として本書で取り上げるのは、第一にピグー、そして第二にケインズである。両者ともほぼ同時代に活躍した経済学者であり、現実との格闘を通じて経済理論の革新を行った点で、経済学の歴史に画期をなしている。

彼らの経済学を理解するには、一九世紀から二〇世紀にかけての時代背景や経済学の主潮流における地殻変動をみておく必要がある。この時期に起きた経済思想の非常に大きな変化は、「個々の経済主体の最適な行動の結果は、必ずしも社会的に最適状態とは一致しない」という認識が生まれてきた点にある。そしてこのような認識が生まれてきたのは、当時の資本主義経済の変貌を反映したものと考えることができる。というのは、まさにマルクスの描いたような発展過程の結果、企業間の合併・買収・合同が進み、産業の独占化・寡占化が進行したからである。無数の企業が市場で激しく競争している状況なら、スミスが「自然的自由の体系」で示したように、個々の企業が利潤最大化を目指すことが社会的最適に一致すると楽観的に述べることができた。しかし独占や寡占が進行すると、彼らの利潤最大化行動は、必ずしも社会的に最適な状況と一致しなくなる。

産業公害問題の発生もまた、私的利潤の最大化が社会的厚生の最大化を必ずしも意味しなくなった代表的な事例である。ピグーはその主著『厚生経済学』(一九二〇年)で、このことを「私的限界生産物と社会的限界生産物の乖離」という表現を用いて分析しようとしている。つまり、企業は自らの利潤を最大化しようとして生産を行う。しかし、その生産過程で有害物質が工場外に排出され、近隣住民が被害を受けたとしよう。この被害は、正確に金銭的評価ができるかどうかという問題はおくとしても、経済的な損失をもたらす。しかし、その損失は原因企業の経済計算には入っていない。こうして企業の私的経済計算の結果と、その企業の生産によってもたらされる損失を差し引いた社会的経済計算の結果との間に乖離が生まれる。当然、このケースでは私的経済計算の結果よりも、社会的経済計算の結果が小さくなる。このとき、社会的厚生は最大化されないことを彼は指摘したのである。これは、現代経済学では「市場の失敗」と呼ばれている。市場にはそれを自動的に修正するメカニズムが備わっていないために、国家による市場介入が必要となる。これが、「私的限界生産物と社会的限界生産物の乖離」という言葉によってピグーが言い表そうとしたことの意味内容である。

もちろん逆のケースとして、企業が、私的経済計算には組み込まれないが、社会的には望ましい影響を与えるような生産活動を行う場合には、社会的経済計算の結果の方が、私的経済計算の結果よりも大きくなる。現代経済学では、これらは「外部性」という概念の下で一括して議論されている。前者のように生産が負の影響をもたらすケースを「外部不経済」、後者のようにそれが正の影響をもたらすケースを「外部経済」と呼ぶ。ピグーは以下のように、社会にとって何が望ましいか(その判断基準は、「社会的厚生」の最大化が図られるかどうかに置かれる)を判断するには、これら外部性の要素を経済計算に組み込まなければならないと強調する。

たとえば、後の章で一層詳細に説明するが、鉄道の機関車からの火の粉で周囲の森に償われざる損害を蒙ることがあるように、直接関係のない人々に費用がかかってくることが起る。かかる影響はすべて――その中の或るものは正の要素であり他の一部は負の要素であろう――任意の用途または場所に振り向けた或る量の資源の限界増加分の社会的純生産物を計算するに当って包含されなくてはならない。(気賀健三・千種義人・鈴木諒一・福岡正夫・大熊一郎訳『厚生経済学』)

これは、「社会とは私的なものの総和にほかならず、「私的なもの」と「社会的なもの」との間に矛盾はない」とするベンサム流の社会観に対する根本的な批判でもある。そして重要なのはピグーが、「外部性」にみられる「市場の失敗」は一時的な摩擦現象ではなく、現代資本主義に恒常的にみられる現象であり、したがって国家による市場介入が必然化されると考えていたことである。外部不経済が発生している場合には、課税によって原因となっている生産活動を抑制し、逆に外部経済が発生している場合には補助金によって原因となっている生産活動を奨励すべきことを、彼は経済理論を用いて根拠づけた。

このうち、外部不経済に対する課税は、現代では環境税導入の理論的起源となっている。環境税が往々にして「ピグー税」と呼ばれるのもそのためである。これらは、マルクスが構想したような国家による経済の全面的な管理を意味しない。しかしそれは、「原子論的社会観」に立脚し、政策論的には自由放任主義に依拠していた当時の主流経済学説からの大きな転換を意味していた。またそれは、金本位制、自由貿易制度、均衡財政主義などからなる一九世紀的な調和論的自由主義経済観とも鋭い対比をみせていたのである。この経済観によれば、経済システムにおいて個人と社会は矛盾のないよう調整され、個人が効用を最大化し、企業が利潤を最大化しようとして行動すれば、それは常に社会全体にとって厚生を最大化することが理論的には保障されていた。そこでは、物価、為替レート、賃金、利子などの価格パラメーターが円滑に機能して資源配分が効率的に行われ、経済の自律的な調整が進行すると想定されていたのである。

これに対してピグーの『厚生経済学』は、私的限界生産物と社会的限界生産物の乖離以外にも、競争価格や供給の国家規制、独占の公的規制、産業の公営化、産業平和、労働問題、富者から貧者への所得移転といった現代経済政策上の諸問題を正面から取り扱っている。彼は当時の主流学説と異なって、ますます大きな問題となりつつあった独占の弊害、貧困、社会的不平等といった諸問題を、経済厚生の損失という形で正面から経済理論に組み込もうとしたのである。そして彼は、自由放任の経済政策ではこれらの諸問題を解決できないと考え、経済厚生を最大化するためにも、国家が全面的に市場に介入する必要があると考えた。

調和論的自由主義経済観と自由放任の経済政策、そしてそれを基礎づけているベンサム主義の否定は、ピグーの同時代人であったケインズにとっても、彼が『雇用、利子および貨幣の一般理論』へ進む途上で必ず通り抜けなければならないステップであった。その著書『自由放任の終焉』(一九二六年)において、彼は、以下のようにベンサム主義を断定的に切り捨てている。

> 世界は、私的利害と社会的利害とがつねに一致するように天上から統治されているわけではない。世界は、現実のうえでも、両者が一致するように、この地上で管理されているわけでもない。啓発された利己心は、つねに社会全体の利益になるようにはたらくというのは、経済学原理からの正確な演繹ではない。
>
> しかも、その区別にあたっては、ベンサムがそれに先だって想定したこと、すなわち、干渉は、「一般に不要で」、かつ、「一般に有害」であるとする想定は、これを捨てなければならない。

今日の経済学者たちに課されている主要な問題は、おそらく、政府のなすべきことと、政府のなすべからざることとを改めて区別し直すことであろう。(宮崎義一訳『自由放任の終焉』)

調和論的自由主義経済観と自由放任の経済政策、そしてベンサム主義の否定は、スミスが重商主義を批判しつつ確立した「自然的自由の体系」からの離脱を意味する。国家はもはや、「自然的自由の体系」に対する補完的で控えめな存在ではなく、資本主義経済システムが望ましい機能を果たすために不可欠の存在として、その機構に奥深く組み込まれる存在となる。こうして「自然の体系」を否定したケインズだが、そこからさらに「人為の体系」への飛躍は、なお『雇用、利子および貨幣の一般理論』の完成を待たねばならなかった。

所得再分配と累進所得税の正当化

ピグーの主著『厚生経済学』を紐解けば分かるように、この著作におけるピグーの最大の関心事は、所得の再分配をいかに行うべきか、そして、それは経済理論でどのように正当化されうるのかという点にあった。当時の貧困や社会的不平等の問題を考えれば当然ともいえるが、それはこれまで述べてきたように、現実の経済問題と格闘する中から新しい経済理論を開発しようとするピグーの理論的アプローチとも深く関わっていた。何よりも彼は、ケンブリッジ大学政治経済学講座をマーシャルから引き継いだだけでなく、その最良の意味で「温かい心と冷静な頭脳」の持ち主だったという点でも、マーシャルの正当な後継者であった。経済学は、人々を貧困から救い出し、社会を少しでも改善していくことに寄与するための社会改良の道具だという彼の考え方は、以下に引用する『厚生経済学』序文に非常によく表れている。

経済学者がやり遂げようと努力している複雑な分析は単なる鍛錬ではない。それは人間生活の改良の道具である。われわれを取りまく悲惨と汚穢、数百万のヨーロッパ人の家庭において消えなんとする希望の焔、一部富裕家族の有害な贅沢、多数の貧困家族を蔽う怖るべき不安――これらのものは無視するにはあまりにも明白な害毒である。われわれの学問が求める知識によってこれを制御することは可能である。暗黒から光明を！　この光明を探し求めることこそは、「政治経済学という陰惨科学」がこの学問の訓練に直面する人々に向って提供する仕事であり、この光明を発見することは、おそらくその褒賞であるのである。（前掲『厚生経済学』）

所得再分配のための政策手段としての累進所得税の理論的正当化は、したがって彼自身にとっての「学問的光明」だったのであり、そのために彼は、多大の知的努力をこの問題に注ぎ込んでいく。ところで、彼が累進所得税に大きな関心を抱いた背景にはおそらく当時の時代背景が関係している。実は、イギリスの所得税は二〇世紀に入ってアスキス、ロイド・ジョージの改革を経ることによって大きく変貌を遂げていた。つまり、一九〇九年にロイド・ジョージ内閣が有名な「人民予算」を成立させ、累進制をともなった超過所得税を導入するなど、所得税の累進化が時代の大きな政策課題となっていた時期と、ピグーが累進所得税について考えをめぐらした時期は重なっているのである。この時期にイギリスが所得税の応能性を強めていったのは、軍事費や社会保障費などの経費膨張を賄うためにも、「多収性」を持つ所得税を基幹税として大衆課税化していくほかなかったこと、そのためには低所得者層には薄く、高所得者層には厚く納税額を配分しなければならないという現実的な理由による。

他方で、累進所得税が事実上の所得再分配手段として機能したこともたしかである。『厚生経済学』出版の前年にあたる一九一九年にはピグー自身も「所得税に関する王立委員会」委員に就任し、これら所得税改革論議にも参与している。ただ、こうして現実先行型で進む累進所得税の導入に対して、経済学の側ではそれを根拠づける理論がまだ開発されていなかった。そこで彼は、「王立所得税委員会」委員として、累進所得税の理論的根拠をどう構築するかを、自らの理論的課題として受け止めたものと考えられる。

ピグーが累進所得税に理論的基礎づけを与えるにあたって立脚したのは、「限界効用逓減の法則」である。その意味内容は図5に示されている通りである。この図の横軸には所得、縦軸には効用がとられている。効用とは、人々が財やサービスを消費して得られる満足のことだと考えていただいてよい。したがって、人々は所得が増加するにつれてより多くの消費財を購入し、より大きな満足を得ることによって効用を高めることができる。ただし、所得が一単位追加的に増加したときに得

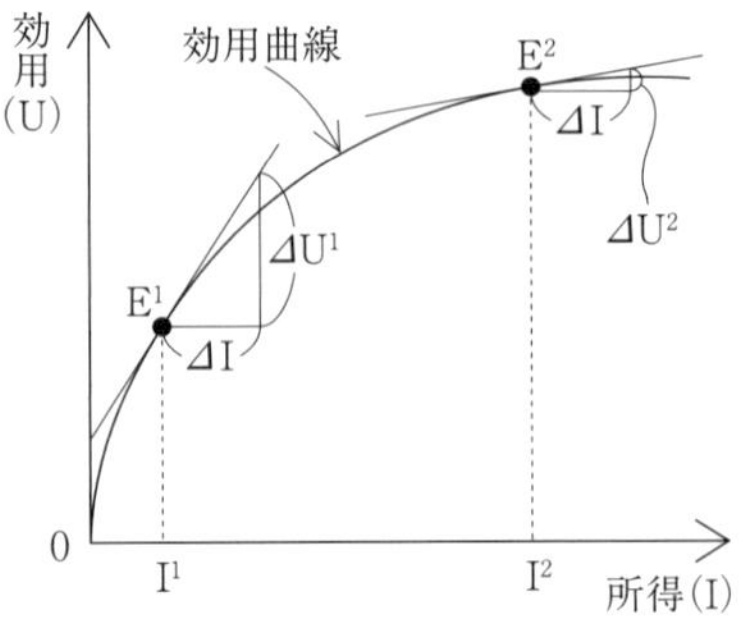

図5　所得の限界効用逓減と累進所得税

られる追加的な効用は、所得の増加とともに徐々に低下していく。これが「限界効用逓減の法則」である。つまり、図5に描かれている効用曲線はしたがって、所得の増加とともに消費量が増え、それにつれて効用も増加するが、その増加分は逓減するよう描かれている。

このことをよりよく理解するために、ここで「限界効用」の概念をより詳しく解説しておきたい。図5にはE^1とE^2で効用曲線に接する接線が描かれている。実は、この接線の傾きが「限界効用」にほかならない。いま、E^1とE^2のそれぞれを出発点として、同じ額だけ一単位所得を追加的に増加($\varDelta I$)させれば、効用も追加的に上昇する($\varDelta U$)。より所得の低い水準(I^1)における所得の限界効用は$\varDelta U^1/\varDelta I$で、より所得の高い水準($I^2$)での所得の限界効用は$\varDelta U^2/\varDelta I$で表すことができる。図5より明らかなように、$\varDelta U^1/\varDelta I$の方が、$\varDelta U^2/\varDelta I$よりも大きい。つまり、低所得者の方が高所得者よりも所得の限界効用が大きい。逆にいえば、所得が上昇するにつれて、そこから引き出される追加的な効用は減少していく。これが、「限界効用逓減の法則」である。

これは直感的にも、所得がないか、きわめて乏しい学生が一〇万円を両親から手渡されればきわめて嬉しいと感じるが、数千万円の年収を稼ぐ人が、他人から「一〇万円をあげる」といわれてもほとんど喜びを感じないことを考えれば、容易に理解できる。この「限界効用逓減の法則」を承認するならば、高所得者から低所得者へ所得移転することは、高所得者から⊿Iを取り去って、低所得者に⊿Iを配分することを意味するので、$⊿U^1 > ⊿U^2$より、経済全体としては厚生改善になるはずである。こうして経済厚生の改善という評価基準に立てば、どのような方法であれ、所得を高所得者から低所得者に再分配する政策は正当化されるのである。

次にピグーは、その著書『財政学研究』(一九二八年)において、このような所得再分配を累進所得税によって実行することが望ましいことを示した。この結論は、経済厚生の最大化が経済政策上の究極の目的であることから論理的に引き出される。まず、ピグーは租税を効用の損失、つまり「犠牲」として捉えていたことに留意しておく必要がある。経済厚生を最大化するためには、課税によって引き起こされる犠牲を最小化しておく必要がある。総犠牲を最小化するには、ここでは詳しく述べることはできないが、課税による限界犠牲を個人間で均等化させることがその必要条件となる。図5でみたように、所得を課税によって一単位取り去ることによって生まれる「犠牲」は、所得水準が上昇していくほど小さくなる。したがって、課税による限界犠牲を個人間で均等化するには、高額所得者に「重課」し、低所得者を「軽課」しなければならないことが分かる。これを可能にする税制を所得税で設計すれば、高額所得になるほど適用される限界税率が上昇していく累進所得税になる。こうして「所得の限界効用逓減の法則」の仮定の下で犠牲の最小化を図ろうとすれば、論理的に累進課税が引き出されることが分かる。

ピグーによる累進課税の正当化は、租税理論の歴史における一大転換をなしていた。一九世紀までは、すでにみてきたように課税で資本蓄積を阻害しないよう控えることが国家に求められる最高の格律であった。しかしピグーの厚生経済学では、経済厚生を最大化するためにも国家は市場に公共介入し、所得を再分配しなければならないのである。市場と国家の関係はここに大きく変化し、経済厚生を最大化できない何らかの理由があるときは、むしろ国家の積極的な市場への介入が求められるようになった。また、ピグーの導いた結論は、経済学以外の倫理や道徳における価値判断に依拠していたのではなく、経済厚生の最大化という経済学上の公準に依拠しながら内在的に引き出されてきたという点で、きわめて強力であるようにみえた。残念ながらピグーの依拠した理論は盤石ではなく、後に批判を受けることになるが、ここではそのことよりも、ピグーが時代の要請する課題と正面から取り組み、それに解答を与えようと格闘する中から新しい経済理論の開発を試みたこと自体が重要なのである。

(四) 資本主義の不安定性と「人為の体系」の確立——ケインズの経済学の革新性

「豊富の中の貧困というパラドクス」

一九三六年に出版されたケインズの『雇用、利子および貨幣の一般理論』には、世界大恐慌がその理論に色濃く反映されている。一九二九年のニューヨーク株式市場における株価大暴落に端を発する世界大恐慌の結果として大量失業が発生し、人々が貧困に苦しむにもかかわらず生産が本格回復しないまま資本主義経済システムは一九三〇年代に長期低迷を続けた。有効な処方箋を出せず、現状に対する説明力もない古典派に代わって、ケインズは「一般理論」を創り上げ、資本主義経済システムを崩壊の淵から救い出す処方箋を提示した点で、間違いなく二〇世紀最大の経済学者である。ケインズの経済学はその後、約三〇年間にわたって経済学における支配学説となり、各国の経済政策に大きな影響を与えた。しかし、一九七〇年代に石油ショックが先進各国を襲い、インフレーションが大きな経済問題になるにつれてケインズ経済学はその有効性を失い、やがて経済学における支配的地位から滑り落ちた。しかし、ケインズの思想そのものは、新古典派経済学とは異なる理論体系として残っているし、今後も残り続けるであろう。しかも、二〇〇八年に始まる世界大不況は、再びケインズの思想に人々の注意を振り向けさせている。

ところで、不況がケインズの思想に再び現実性を与えているというのとは別の次元で、ケインズの思想には現代的な意義がある。それは、「実物経済」と「金融経済」の相互作用を正面から見据えて理論体系を構築した点である。これが、ケインズと古典派を分け隔てる最大の論点の一つであり、この点では同じマーシャルの下で経済学を学び、彼と同時代人であったピグーですらケインズによる批判の対象となる。ケインズは、ピグーが代表する古典派の経済学が、「供給は自らその需要を創り出す」とするセー法則を承認し、財市場だけでなく金融市場や労働市場においても、価格の伸縮的な働きによって常に需給は一致するよう調整されると想定している点を批判する。さらに、古典派が描く世界は「物々交換」の世界であり、貨幣がなんら生産や雇用に影響を与えないと想定している点で非現実的だと非難する。

たしかに、これ〔セー法則〕と類似の文章をマーシャルののちの著作やエッジワースやピグー教授から引用することは容易ではないであろう。この学説は今日ではけっしてこのような粗雑な形では述べられていないのである。それにもかかわらず、それは依然として古典派理論全体の基礎をなしており、それがなかったならば、古典派理論全体は崩壊するであろう。

たとえば、ピグー教授のほとんどすべての著作に一貫している確信、すなわち貨幣は摩擦を引き起こす以外にはなんら実質的な相違をもたらすものではないという確信、生産および雇用の理論は(ミルの場合と同じように)「実物」交換に基礎をおくものとして構成することができ、貨幣はのちの章に申訳程度に導入すれば足りるという確信は、古典派的伝統の近代的表現である。(前掲『雇用・利子および貨幣の一般理論』)

セー法則に支配された経済は、「ロビンソン・クルーソー経済」、つまり無人島における自家生産と自家消費で成り立っている経済からの類推にほかならないとケインズはいう。また、この経済は当然のことながら物々交換の世界であり、貨幣はなんら積極的な役割を果たさないことになっている。さらに、そこでは生産と消費の主体が一致しているために、両者は常に一致するよう調整され、その乖離による景気循環は起きないという奇妙な状況が生まれる。失業は当然のことながら発生しない。しかし、世界大恐慌後を経験した後は、もはやこのような理論は現実を説明しうる力を失う。完全雇用を実現できるような生産と消費の水準が、市場の自己調整メカニズムの下で達成されない点にこそ問題があるからだ。ケインズはこれを、「豊富の中の貧困というパラドクス」と呼んで説明する。

つまり、ケインズの認識では現代(ケインズの生きた二〇世紀前半)は、もはや一八―一九世紀の経済学が想定した、資本が不足し、蓄積に次ぐ蓄積を図らなければ人々の需要に応えて彼らを豊かにすることはできない時代とは大きく異なっている。むしろ、現代は資本蓄積が十分に進み、生産能力は人々の需要を十分に満たせる水準に達している。しかし、その潜在的な生産能力を使いこなすに十分なほど「有効需要」(総消費+総投資)が存在しないことが問題なのである。この有効需要が小さいために、完全雇用水準よりもはるかに低い水準で雇用が停止してしまい、大量失業が発生するのだとケインズは診断する。さらにやっかいなのは、この問題を放任していると自然に解決するどころか、ますます深刻化する一方だという点にある。

社会が豊かになればなるほど、現実の生産と潜在的な生産との間の差はますます拡大する傾向にあり、したがって経済体系の欠陥はますます明白かつ深刻なものとなる。(同前)

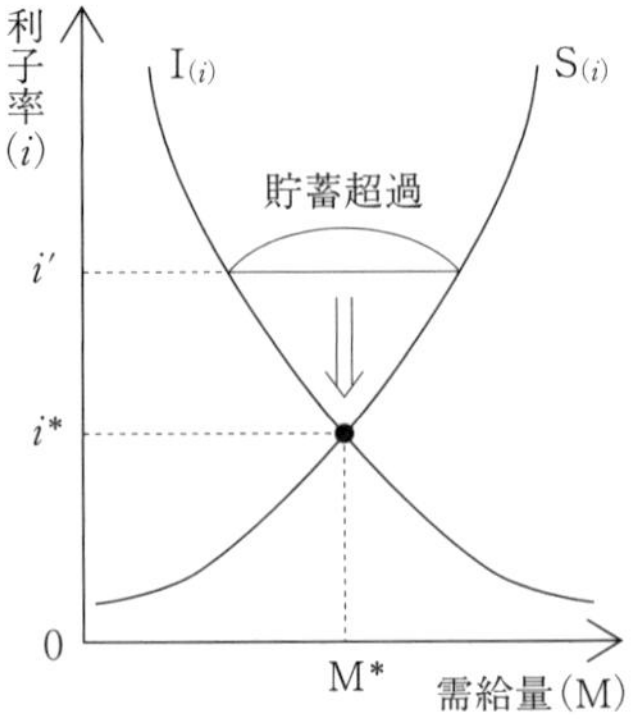

図6　古典派の利子率決定理論

というのは、貧しい社会なら生産されたものの大部分を消費してしまうので、したがって完全雇用を実現するのに十分な有効需要を生み出すには、あと残りわずかな投資があれば十分である。しかし、豊かな社会では所得のうち消費に充てる割合よりも貯蓄に充てる割合が高まっており、完全雇用を実現するのに十分な有効需要を生み出すには、相当大きな新規投資機会を見つけ出す必要があるからだ。しかし、豊かな社会において投資誘因が弱い場合には十分な投資が行われず、有効需要が縮小して現実の生産量も完全雇用を達成できる水準を下回ってしまう。潜在的には大きな生産能力があるにもかかわらずそれは十分に使いこなされず、失業が発生し、均衡国民所得水準が低下することで社会はきわめて貧しくなる。これが、ケインズが「豊富の中の貧困というパラドクス」という言葉で表現しようとした意味内容である。

しかし、なぜ投資が完全雇用に十分な水準に達しないのか。それは、利子率が十分な水準まで低下しないからである。では、利子率はいったい、どのようにして決まるのであろうか。古典派の考えは明快である。それは、貯蓄と投資を均衡させる水準で決定されるというものである。

図6は古典派の利子決定理論を説明するための図だが、縦軸に利子率(i)、横軸に資金に対する

需給量(M)がとられている。資金の出し手は貯蓄者であり、資金を需要するのは投資を行う生産者である。貯蓄者は、利子率が高くなるほど貯蓄の有利性が増すので貯蓄を増やそうとする。これが、図6では利子率の上昇とともに右上がりに貯蓄、つまり資金供給量が増加していく曲線$S(i)$として描かれている。なお、$S(i)$という表記は、貯蓄(S)が利子率の水準に依存して決定されるという意味である。反対に、生産者は銀行からの借入金で投資資金を賄わなければならない。したがって、利子率は彼にとって資金調達コストを意味する。利子率が高いということは、それだけ利払いコストがかさむことを意味するので、生産者は投資に慎重になる。逆に利子率が低ければ、生産者は積極的に投資をするインセンティブが働き、結果として資金需要が増加する。この関係を曲線で表したのが図の$I(i)$である。結果として均衡利子率は、貯蓄と投資を均衡させる水準i^*で決定される。仮にいま、利子率がより高い水準i'にあったとしよう。この場合、貯蓄超過の状態が生まれるが、このギャップは、利子率が貯蓄と投資が等しくなる水準まで速やかに下落することによって解消される。このように、金融市場では常に「貯蓄＝投資」となる水準で利子率が決定される。

ところが、ケインズからみればこれは典型的に一九世紀的な理論枠組みであった。というのは、資本蓄積が至上命題とされ、稼いだ所得から貯蓄に回す資金は、ほぼ自動的に新規投資に回るという世界が、一九世紀までは成立していたからである。しかし、二〇世紀に入るとバーリ＝ミーンズが『近代株式会社と私有財産』で描いたように、株式会社が発達し、企業経営における「所有と経営の分離」が進行した。これは、企業経営に対する資金の出し手である株主(投資家)と、実際に企

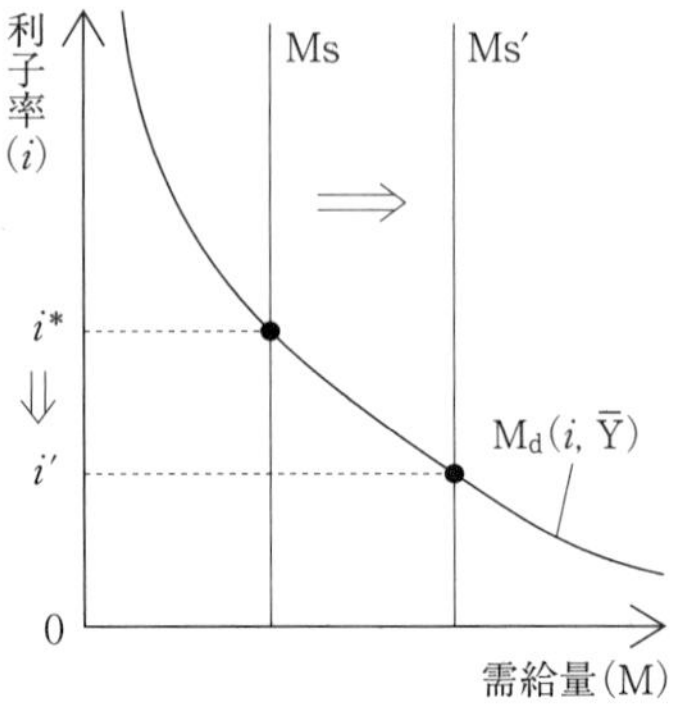

図7　ケインズの利子率決定理論

業を経営する経営者(企業家)が分離していくことを意味する。そうすると、一九世紀までの経済学では「資本家」階級として括られていた共通の利害が、「投資家」階級の利害と「企業家」階級の利害とに分裂していくことになる。つまり、前者は自らの保有資産価値の最大化に関心を持つのに対し、後者は自らの経営する企業の利潤最大化に関心を持つ。ここに、後に「金融経済」と「実物経済」が分裂していく萌芽が生まれたのである。

　このような二〇世紀的観点からみれば、古典派の利子率決定理論はあまりにもナイーブである。ケインズはこれに対して、保有資産価値の最大化に利害関心を持つ投資家の利害を組み込んだ利子率決定理論を構築しなければならないと考えた。図7はそのケインズの利子率決定の考え方を示している。図6と同様に、図の縦軸には利子率(i)、横軸には資金の需給量(M)がとられている。資金の供給は、中央銀行によってコントロールされると仮定されているので、利子率の水準に依存せず、図では垂線Msによって示されている。

　これに対して資金需要M_dは、利子率(i)と国民所得水準(Y)によって決定される。前者は貨幣の「投機的動機」、後者は貨幣の「取引動機」に基づくものである。後者の「取引動機」は貨幣の交換手段としての機能に基づくので、国民所得水準が上昇すれば、それだけ「交換手段」としての貨幣機能に対する需要が高まると考えられる。したがってM_dはYの増減とともに増減する。ただし図7では、Yは一定だと仮定されている。

問題は、貨幣の投機的動機に基づく資金需要である。これは貨幣の「価値保蔵手段」としての機能に基づいている。ケインズは、投資家が自らの保有資産を利子の付かない「現金」形態で持つ場合と、利子の付く「債券」形態で持つ場合のどちらが有利になるのかを勘案しながら、ポートフォリオを決定する資産選択問題に直面していると考える。現金は、それですぐに財やサービスを購入できるという点で流動性は高いが、利子が付かない点で不利である。これに対して資金を株式や公債、あるいは定期預金などの「債券」形態で持つと、利子(配当)が付くのは利点だが、流動性は低くなるというマイナス面がある。どの程度現金で保有し、どの程度債券で保有するのかを決定する要因は、投資家の債券価格に対する予想だとケインズは考えた。彼は、近い将来における利子率の変動が債券価格に与える影響を、投資家があらかじめ読み込んで資産選択を行っていくと考えたのである。詳細な説明は省くが、投資家によるこのような資産選択行動の結果として、資金需要は図7で右下がりに描かれた曲線$M_d(i, \overline{Y})$のように描くことができる。

なぜそうなるのかを直感的に理解するとすれば次のようになる。まず、利子率が高いということは、資金を利子の付く債券形態で持っておくことがそれだけ有利だということを意味する。これに対して利子率が低くなれば、資金を債券形態で持っておくことの有利性は減退し、流動性の高い現金形態で持っておくことの相対的利点が増す。こうして、利子率の低下とともに、投資家は資産における現金保有比率を増加させようとする。これが、M^dが右下がりに描かれる理由である。以上より利子率は、M^sとM^dが交わるi^*の水準で決定される。

以上が、ケインズの利子率決定理論である。その特徴は、投資家の資産選択の観点から利子率決定を描いた点であろう。古典派が貯蓄と投資という資金需給のフローを調整するよう利子率が決定されると考えたのに対し、ケインズは資産というストックの世界と流動性というフローの世界を橋渡しする役割を利子率に与えたという点で、古典派と大きく異なっている。これはすでに資本蓄積がかなりの程度進行し、そのストック水準が高いレベルに達していた二〇世紀の実情をよく反映した理論だといえる。しかも、過去の投資の成果である資産を保有し、その資産価値を最大化することが最大の関心事である投資家の行動を組み込んで利子率決定の理論を構築した点もまた、ケインズ理論の現代的価値を大いに高める要素となっている。

さらにいえば、ケインズの理論の革新性は、「投機」を初めて利子率決定理論に組み込んだ点にある。投資家は、もはや実物経済を離れて自らの資産価値最大化の観点からポートフォリオを決定しようとする。古典派が描いたように、貯蓄資金がそのまま自動的に投資に流れ、実物経済に投じられて得られた収益の中から利子がその対価として戻ってくるという、金融経済がまだ実物経済に寄り添っていた一九世紀的世界と比較して、二〇世紀的世界はすでに大きく変貌していた。現代の投資家は、資産価格が近い将来に上昇するのか、それとも下落するのかを純粋に投機的観点から予想し、それに基づいて現時点で資金のどれだけを債券で持ち、どれだけを現金で持つのかを決定する。したがってその投資家は、これら一連の過程を経て決定された利子率が、完全雇用を保証するのに十分低い水準であるかどうかという問題には、大きな関心を持たないのである。

このように、ケインズの利子決定理論では、資金供給一定の下で、利子率が純粋に投資家の資産選択の観点からのみ決定され、実物経済における投資決定とは分離される構造になっている点が特徴的である。この特徴は、古典派の利子率決定理論では、貯蓄と投資が同時決定されていた点と対照的である。

ケインズの理論では、投資は別途、異なる理論的枠組みで決定されることになっている。彼は古典派を批判しつつ、「所有と経営の分離」を経て投資と貯蓄の決定主体が分離し、それぞれ別の論理で決定されるようになったことを強調する。

> それにもかかわらず、このように〔貯蓄と投資は必ず等しくなると〕考える人々は、二つの根本的に異なった行為を同一のものであるかのように見せる錯覚によって欺かれているのである。彼らは、現在の消費を差し控えようとする決意〔貯蓄〕と将来の消費に備えようとする決意〔投資〕とを結びつける連鎖があると、誤って想定している。ところが、後者を決定する動機は、前者を決定する動機とけっして単純な仕方で結びついているのではない。(同前)

そこでケインズは、投資決定の理論として投資の限界効率という概念を提示する。図8は、所与の利子率の下で、投資の限界効率に基づいてそれがどのように決定されるのかを説明するための図である。図の縦軸には投資収益率（r）と利子率（i）、横軸には投資量（I）がとられている。図には、さまざまな投資機会が示されており、投下資本に対する収益率の高い順に投資機会が左から右に並べられている。このことを、ケインズの「資本の限界効率」という概念を用いて言い換えれば、「投資を拡大していくにつれて資本の限界効率は低下していく」ということになる。この図における利子率 i^* は、ちょうど図7で決定された利子率 i^* に対応している。図8より、この利子率の下では、企業家は I^* までの投資を実行する。なぜなら、先述のように銀行からの借入金で投資を実行する企業家にとって、利子は資金調達コストを意味するので、利子を上回る収益を出せる投資プロジェクトでなければ実行しないからである。

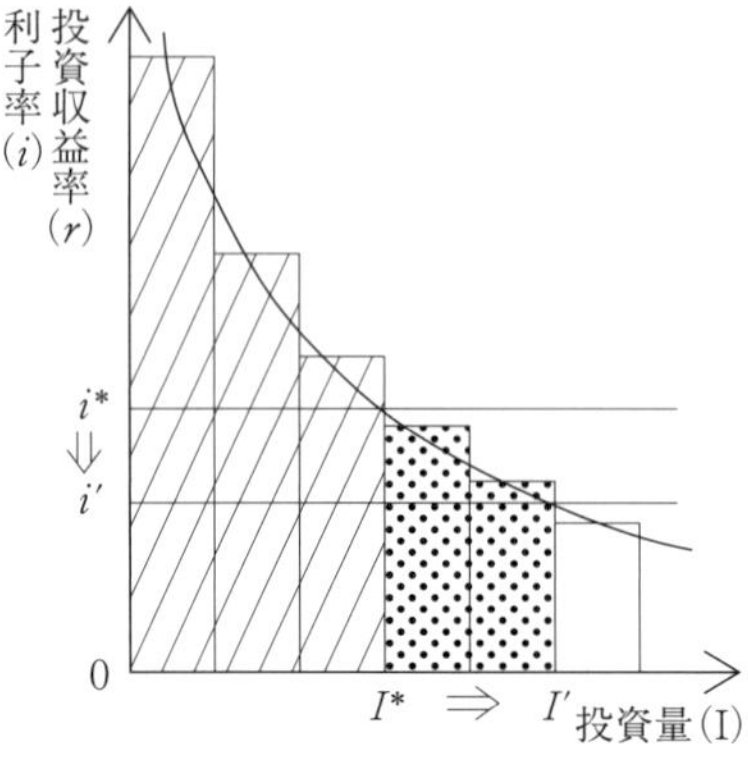

図8　ケインズの投資決定理論

　このようにケインズの理論的枠組みでは、投資は、その限界効率と利子率の水準に依存して決定されることになっている。ところが、完全雇用を保証する投資水準が、仮に図8の I' であったとしよう。しかし現状では、上述の理由により、投資水準は I^* にとどまっているので大量失業が発生している。この状態を改善するには、市場への公共介入が必要である。つまり、中央銀行が貨幣供給量を図7のMsからMs′へと増加させるような金融政策を実施することによって、均衡利子率はi^*からi'に下落する。図8より、新しい利子率i'の下では投資のI'への拡大が生じ、その下でようやく完全雇用が達成されることになる。

ここまで来れば、もう一度、冒頭の設問に立ち返ることができる。ケインズによれば、現代はその潜在的生産能力を有しているにもかかわらず、投資が十分に行われないために国民総所得が完全雇用水準に達せず、「豊富の中の貧困というパラドクス」が生じている。なぜ投資が十分な水準に達しないのか。それは、利子率が完全雇用を保証するのに十分な水準まで低下しないからだといえる。さらにいえば、ケインズの利子率決定理論でみたように、貯蓄と投資の決定主体が投資家と企業家に分裂したために、両者は別々の論理で決定され、もはやそれらを一致させるよう利子率が決定される保証はないからである。図7で決定された均衡利子率は実際、図8で完全雇用を保証するのに十分な水準の投資が実現するには高すぎた。この場合には、公共的な政策(金融政策)によって、完全雇用を実現するように利子率を人為的に引き下げてやることが必要になる。

投機がもたらす資本主義の不安定性

もっとも、図8の議論では、あくまでも資本の限界効率が確実に分っていると想定されていた。しかし、ケインズも強調しているように、それはあくまでも事前の予想収益に基づいた概念であって、不確実性をともなっている。たとえば、一定の想定の下に投資を行うと決定しても、その後に物価水準が変化したり、消費者の嗜好が変化したり、為替レートが変化したりと、事情の変更が起きる可能性は多分にある。これらの変化によって資本の限界効率が低下することになれば、当初の投資計画は割に合わないものとなる可能性がある。このように、現実の資本主義の下では、一〇〇パーセント確実に将来を予見した上で意思決定できることなどありえない。誰もが「不確実性下での意思決定」を強いられる。ケインズはここから起きてくる諸問題、とりわけ資本主義の不安定性問題を『雇用、利子および貨幣の一般理論』の第一二章「長期期待の状態」で展開している。この章は、二一世紀の資本主義経済システムのあり方を考える上で、とりわけ示唆に富む章として読まれるべきであろう。

ケインズは、我々が不完全情報下で意思決定せざるを得ないとき、現在の状態が将来も継続するであろうという意味での「慣行」に頼ると述べている。しかし、慣行に基づく判断の妥当性自体も、実はきわめて頼りないものである。この場合、人々は自己資金を、いったん投じると簡単に解除して取り戻すことのできない長期投資よりも、いつでも変更可能で「流動的な」短期投資に振り向けることでリスクを回避しがちになる。こうして不確実性が存在する下では、投資家は短期投資、あるいは「流動的な」投資対象を選好することになるであろう。それが彼らにとってより安全な選択だからである。こうして、彼らは何か情勢の変化が起きればいつでも決定を変更できる状態に自らを置き、ケインズのいう、さほど重要だとは考えられない情報に対してもきわめて敏感に反応するようになる。

実際、当時のウォール街ではすでに、配当所得を得るために投資をするのではなく、資本の価値増加がもたらしてくれる収益(キャピタル・ゲイン)を得るための投資が活発に行われていた。ケインズは、それが実業を妨げない範囲ならば問題はないが、逆に投機が実業を巻き込むようになってしまえば、事態は重大だと警告している。このように、「実業のための金融」ではなく、金融がさらなる資産価値の増加を求めて再投資を行う「金融のための金融」になってしまえば、少なくとも次の二つの弊害が生じるであろう。第一に、長期的観点からみて社会的に真に有用な投資が省みられなくなり、逆に、短期的に最大利潤を生む投資が尊重されるようになるという点で、投資決定に歪みが生じる。第二に、市場における資金の流れが変動性を高め、金融市場の不安定性が増幅されるようになる。この変動性は、実物経済の投資判断にも影響を与え、それをやはり不安定にする。

ケインズは、金融市場における過剰な変動性という問題を解決するためには、投資物件の購入を、あたかも結婚のように、死とかその他重大な原因による以外には解消することのできない恒久的なものにすることが、おそらく今日の害悪を救う有効な方策となるとまで述べている。こうしておけば投資家は、投資決定の際に慎重にその投資対象が長期にわたってどのような収益を生み出すのかを判断しようとするからである。しかし、この方策は新規投資を阻害するという問題をはらんでいる。投資家は、自分が下した決定がいつでも取り消せると信じているからこそ、進んでリスクを負担しようとする。もしそれが禁じられれば、投資家は過度にリスク回避的になり、新規投資に対して慎重な態度を取るようになるであろう。そこで、ケインズは実行可能な方策として次のように証券取引に対する課税を提案する。そしてこれこそが、後に「トービン税」のアイディアが生み出される源泉となったのである。

ロンドン株式取引所における取引に付随するジョバーの「売買差益」、ブローカーの高い手数料、大蔵省に納める重い移転税は、市場の流動性を減少させ……ウォール街の特徴となっているような取引の大部分を取り除いている。合衆国において投機が企業に比べて優位である状態を緩和するためには、政府がすべての取引に対してかなり重い移転税を課することが、実行可能で最も役に立つ改革となるであろう。(同前)

「自然の体系」から「人為の体系」へ

上述のケインズの利子率決定理論では、資金供給は中央銀行によって「人為的に」コントロールされると想定されていた。また、必要とあれば中央銀行は通貨供給量を増やし、「人為的に」利子率を引き下げることも可能だとの前提の下に、完全雇用の達成を図るべきだというのがケインズの提案であった。しかし、このように中央銀行が、国内雇用や物価水準の安定という政策目標を達成するために、人為的に貨幣供給量をコントロールすることは、当時は少なくとも当たり前のことではなかった。一九世紀に国際的に確立した金本位制は、第一次世界大戦で一時中断されるものの、その後、アメリカを皮切りに各国が復帰することで再起動し始めていた。イギリスの復帰は一九二五年、まさにケインズが『貨幣改革論』を執筆した翌年である。日本が金本位制への復帰を果たしたのは、浜口内閣の下で金解禁が実施された一九三〇年のことであった(しかし、翌三一年には犬養内閣の下で離脱)。

しかし、なぜいったん離脱した金本位制に各国がさまざまな犠牲を払ってまで復帰しようとしたのであろうか。そもそも、金本位制とはどのようなシステムなのだろうか。まず、金本位制の下では、中央銀行は保有する金と銀行券の交換を義務づけられるため、通貨供給量は金準備に縛られることを理解しておく必要がある。したがって金本位制の下では、中央銀行は人為的に通貨供給量を操作する自由を失う。にもかかわらず、なぜ金本位制が当時支持を集めていたのか。それは、「貿易収支の自動調整メカニズム」が金本位制には備わっていると考えられていたからである。いま仮に貿易関係にあるA国とB国があり、たまたま前者が輸入超過、つまり貿易赤字を記録していたとしよう。そうすると、その決済のために金がA国からB国に流出する。金の流出したA国では金保有量が低下するので中央銀行はそれに応じて通貨供給量を縮小させる。このことは、A国における物価を引き下げる効果を持つ。逆に、金の流入するB国では、中央銀行が金保有量の増大に応じて通貨供給量を増加させるので、物価が上昇する。新しい価格体系の下では、A国の製品はB国の製品に対して割安になるので、A国の貿易収支は改善し、赤字から黒字に転じることになる。

以上の過程では、中央銀行に金保有と通貨供給量をリンクさせるよう定めておくだけで、後は自動的に貿易収支の自動調整メカニズムが働くのである。そこに人為的な操作は一切入っていない。

このメカニズムが一九世紀を通じてうまく機能するとともに、金が安定的な価値基準として作用しうることが経験を通じて立証されたことが、人々の金本位制に対する信奉を強める結果となった。これに加えて、ケインズも「実際上の管理当局は英知に欠けることが多いから、管理通貨は早晩失敗に帰するであろう」という一般の懸念に言及しているように、通貨制度の人為的コントロールに対する不信が、その裏返しとして金本位制に対する信念を一層強化する関係となっていた。まさにこれは、人為を介しない「自然の体系」への信頼にほかならない。

もっとも、国内物価や雇用の安定が、為替の安定と両立している場合には、金本位制の採用は望ましいが、その条件が失われると、それは厄介な代物になる。購買力平価説が教えるように、一国の通貨と他国通貨の交換比率は、国内物価水準と外国物価水準の関係によって決まる。つまり、e(為替レート)＝p(自国物価水準)/p*(外国物価水準)となる。したがって、国内物価と外国物価の両方が安定しなければ、為替の安定も得られない。第一次世界大戦後の時代のように、各国の物価がインフレーションによって大変動に見舞われる時期には、このような安定を期待することはできない。外国物価の安定を図ることは国内政策の力の及ぶ範囲外だから、結局できることは、国内物価水準の安定化を優先させるか、あるいは外国物価変動の影響を受けて大きく変動する為替水準の安定化を優先させるか、その二者択一になる。為替水準の安定化を選ぶということは、外国物価水準の上下動に合わせて自国物価水準も上下動させなければならないということを意味する。上記の為替レートの定義より、外国物価水準p*が上昇するならば、それに合わせて自国物価水準pを上昇させなければ、為替レートeは一定に保つことができない。これは、外国における経済的なショックに自国経済が振り回されることを意味する。ケインズは、第一次世界大戦後の世界経済の状況からいって金本位制がうまく機能する条件は失われており、外国の物価変動で自国経済が不安定になる犠牲を払ってまで、為替安定化を最優先にする必要はない、と明快に主張する。

国内物価の安定を最優先の政策目標としなければならないのは、物価が上昇する場合(インフレ)であろうと、下落する場合(デフレ)であろうと、物価上昇は実物経済に悪影響をもたらすからである。ケインズは三階級分析(投資家階級、企業家階級、労働者階級)を用いて、これらインフレとデフレがもたらす利害得失の分析を行っている。それによれば、インフレは銀行からの借入金を負って生産する企業家階級には有利であり、労働者階級もその下で自らの状況を改善することに成功してきたという点で有利である。しかし、保有資産の価値を知らず知らずのうちに減価させられてしまう投資家階級にとって、インフレはマイナスである。しかも、それは何よりも政府に対する不信を引き起こし、資本蓄積を阻害する可能性がある点で望ましくない。

これに対してデフレは、インフレと逆に投資家階級にとっては有利だが、企業家階級と労働者階級には不利である。というのは、現代の生産方法の下では、外国貿易の発達につれて生産地と最終消費地の距離が拡大し、生産と消費の時間的間隔が長くなる傾向がある。製品が最終的に販売されて費用が回収されるまでの間、企業家は物価変動にともなうリスクを負わなければならない。デフレは、生産階級が予想していた価格で製品が売れないことを意味し、したがって最終的に費用が回収されない可能性が高い。つまり、デフレは彼らにとって損失を意味する。したがって、デフレが一般的傾向になると企業家階級が判断したならば、彼らは生産を縮小せざるをえず、労働者階級ともども貧困化する。この場合、デフレは富を「活動階級」(企業家階級+労働者階級)から「非活動階級」(金利生活者など)に移転する効果を持ってしまう。

以上から、インフレとデフレはどちらも好ましくない影響を実物経済に対して与えるので、物価の安定化が図られなければならないとケインズは強調する。ここにケインズの一貫した思想を見出すことができる。つまり、ケインズが重視するのはあくまでも実物経済の安定であって、為替などの「名目的なもの」の安定は、実物経済に関わるより優先されるべき目標の前では副次的な重要性しか持ちえない。もう一つ興味深いのは、彼が三階級分析を用いて、物価変動が不均等に各階級の利害に帰着していくことを分析している点である。その中ではっきりしてくるのは、企業家階級と労働者階級は利害が一致するのに対して、投資家階級は、彼らとは利害が異なってくることである。ケインズは新しい階級区分を設け、前者に「活動階級」の名を、そして後者に「非活動階級」の名を与えている。その意味するところははっきりとしている。つまり、前者は生産活動に実際に携わり、国富を豊かにし、雇用を拡大することに貢献する活動に従事している。これに対して後者は、実際に生産活動に携わらず、活動階級の生産によって蓄積された富を運用することによって所得を得ている階級である。したがって、彼らは実際には国富の増進に寄与していない。ケインズは上述のように、まずは物価の安定が最優先目標だと主張する。しかし、『貨幣改革論』を通じて繰り返し、インフレとデフレのどちらが害悪が大きいかといえば、それは間違いなくデフレだと断じ、どちらかを選ばなければならないならインフレを選択すべきだと主張する。これは、「活動階級」の利害を採り、「非活動階級」のそれを犠牲にする立場である。国富の源泉が「活動階級」に依存する限り、前者が尊重されるのは当然だといえよう。この点に関し、ケインズは次のように述べている。

> デフレーションは、現在の価値基準を変更し、つねに有害な作用を及ぼし、同時に事業と社会の安定にとって有害な方法で富の再分配を行なうので、のぞましくない。前に述べたように、デフレーションは、インフレーションの場合とは正反対に、富を社会の他の階級から金利生活者および貨幣債権保持者に移すものである。ことにすべての債務者、すなわち商人および製造業者および農家から債権者に、つまり活動階級から非活動階級に富の移転を生ずるのである。
>
> だから、通貨の下落が長く続いて社会が新価値に対して適応している場合には、デフレーションは、インフレーションよりも弊害が大きいことになる。両者とも、「不公平」であり、適切な期待を裏切るものである。だが、インフレーションは国債の負担を軽減し、企業を刺激するなど、若干のとりえもあるが、デフレーションから得るものは何もない。（中内恒夫訳『貨幣改革論』）

ケインズは金本位制の採用を、外国為替の安定を優先して国内物価の安定を犠牲にする政策にほかならないという理由で却下した。しかし、『貨幣改革論』執筆の翌年に迫っていたイギリスの金本位制復帰に対して彼が激しく反対したのは、上述の理由に加えて、イギリス政府が第一次世界大戦前の金平価での復帰を目指していたからである。第一次世界大戦後はインフレによって物価が上昇していたため、通貨価値は下落していた。したがって、戦前平価で復帰するためには、日本の金解禁の場合と同様に、デフレ政策を断行して自国通貨価値を引き上げねばならない。昭和史を紐解くまでもなく、その破壊的影響は、ケインズの目にも明らかであった。そしてデフレは、「非活動階級」を富ませ、「活動階級」を貧困化させる点でも、国家的損失を招きかねない。したがって彼の結論は明快である。

それゆえ、私は、物価、信用および雇用の安定を最も重要なものと考え、旧式の金本位は昔のような安定性を少しも与えるものではないと信ずるから、戦前のような形での金本位復帰政策に対して反対するのである。(同前)

代わって彼が提案するのは、「金準備を銀行券発行から完全に分離すること」、つまり、管理通貨制度の導入である。金本位制に対する信頼が強かった当時の通念からすれば、管理通貨制度という

「人為の体系」の提案はきわめて新奇に映ったに違いない。しかし、金本位制から管理通貨制度への移行は、実は目立たない形で密かに進行していることをケインズは指摘する。つまり、アメリカでも中央銀行は事実上、金本位制を装いながらも、実質的にはその政策は金本位制の原理から乖離しており、物価、貿易、雇用の安定など、国内経済政策上の目標に即した金融政策に変貌しつつあるというわけである。

アメリカ合衆国においても、イギリス本国と同様、なかば意識的、なかば無意識的に行なわれている方法は、私の提唱するものと同じである。現実には、連邦準備局が、債務に対する金準備率を無視することがしばしばあるのであり、割引率政策を決める際に、物価、貿易、雇用の安定という目的により影響を受ける。(同前)

大恐慌の余波により各国が最終的に金本位制を放棄するまで、金本位制復帰への支持がかくも根強かったのは、「人為」によらない「自然」の通貨システムで縛っておく方が、政策の恣意的な運用に委ねるよりも、通貨価値や物価を不安定にさらすことはないと考えていたからであろう。しかし、第一次世界大戦後の現実がそうであったように、もはや金本位制を維持し続けることは、かえって国内物価や雇用を不安定にしてしまう。ケインズはしたがって、国内物価と雇用を「見えざる手」ではなく、それらを安定化させるよう適切にコントロールされた思慮深い政策に委ねることを提言する。これは、国際通貨システムにおける「自然」よりも「人為」を選択していくという点で、「自由放任の終焉」の国際版だといえよう。

人為的コントロールはどうせうまくいかないという当時の諦観を排して、「冷静な制度設計主義」とでもいえる立場をケインズは取っている。これは、そもそも何が我々の経済システムの究極目的かを考えれば、当然選択されるべき解答だといえる。つまり、経済システムの究極目的は人々の福祉水準を高めるためであって、貨幣や通貨はそのための手段である。金本位制を墨守することによって国内物価水準が不安定化し、物価や雇用の安定が脅かされるのは本末転倒である。しかし、金本位制が通貨システムに関する見えざる「自然の体系」として、一九世紀にそれなりにうまく機能した記憶は二〇世紀に入っても人々の脳裏に強く焼きついており、それがなぜケインズが『貨幣改革論』で、徹底批判してその通念を破壊しなければならなかったかを説明する理由になる。その意味で、本書は一九世紀的「自然の体系」から二〇世紀的「人為の体系」への移行を促す、大きな転換点として位置づけることができよう。

(五) 技術革新と資本主義発展のビジョン――シュンペーター『経済発展の理論』

ケインズは、経済発展の担い手を生産者階級と労働者階級からなる「活動階級」に求めたが、このことの妥当性は現在も変わらない。とりわけ、生産者階級の中から技術革新による「創造的破壊」を成し遂げる「企業者」が出てくることは、資本主義を飛躍的に発展させる上で決定的な重要性を持つ。この過程を余すところなく描いた名著が、シュンペーターの『経済発展の理論』(一九一二年)である。ところで、シュンペーターにとって「経済発展」とは何を意味するのであろうか。

彼は、それは循環運動とは異なって、「循環を実現する軌道の変更」であり、また「非連続的な変化を指す」と述べている。したがって、生産も従来通りの方法の延長線上で生産をしている限り、経済発展には至らない。生産を行うには、我々の利用しうるさまざまなものや力を結合しなければならないが、旧結合から小さな変化を加えていくことによって連続的に適応していくことによって新結合に到達した場合、これは発展とは呼ばないとシュンペーターはいう。発展とはあくまでも非連続的なものであり、新結合は旧結合との断絶の上に現れなければならない、というのが彼の主張である。

> 以上の場合とは違って、新結合が非連続的にのみ現われることができ、また事実そのように現われる限り、発展に特有な現象が成立するのである。記述の便宜上の理由から、以下において生産手段の新結合について語るときには、もっぱらこのような場合のみを意味することにしよう。かくして、われわれの意味する発展の形態と内容は新結合の遂行という定義によって与えられる。(塩野谷祐一・中山伊知郎・東畑精一訳『経済発展の理論』)

なお、新結合は以下の五つの場合を含んでいる。第一は新しい財貨の生産、第二は新しい生産方法の導入、第三は新しい販路の開拓、第四は原料あるいは半製品の新しい供給源の獲得、そして最後に第五は新しい組織（独占的地位の形成あるいは独占の打破）の実現である。興味深いのは、旧結合を凌駕することになる新結合の担い手は、旧結合で商品の生産過程や流通過程を支配していた人々と同一である可能性がないわけではないが、本来的にはそれとは異なる場所から現れるとしている点である。旧いものは概して自分自身の中から新しい大躍進を行う力を持たないため、別の場所から現れた新結合の担い手が、最初は旧結合の担い手と並存するが、やがて競争を経て旧結合の担い手と闘争しつつ彼らを凌駕し、ついには新しい結合における生産過程や流通過程の支配的地位につくのである。こうして経済発展過程には、「二重の非連続性」が存在することにシュンペーターは注意を促している。

この事情は単にわれわれの基本過程を特徴づけている非連続性に対してとくに明らかな光を投じ、前述の第一種の非連続性（すなわち軌道の変更）のほかに、いわば第二種の非連続性（すなわち発展担当者の変更）をつくり出すばかりではなく、さらにその付随現象の経過をも支配するのである。とくに新結合が旧結合の淘汰によって遂行される競争経済においては、一方における社会的地位の上昇、他方における社会的地位の下落という競争経済に特有ではあるがあまり注意されていない過程や、その他の一連の個別現象——とくに景気の回転や財産形成機構に

関するもの――がこれによって説明されるのである。(同前)

つまり、軌道の変更と発展の担い手の変更という、二重の意味での非連続性によって特徴づけられるのが「経済発展」の過程だというわけである。彼は、新結合の遂行とそれを経営体などに具体化したものを「企業」、そしてその担い手のことを「企業者」と名づけた。ところで、企業者はなぜ新結合を遂行しようとするのであろうか。その答えは、「企業者利潤の獲得」という点に求めることができる。これは、イノベーションを他に先駆けて行ったものに対する報酬である。この利潤は、(a)他よりも財貨を安く生産することに成功したとき、(b)新市場を開拓したとき、に売り上げと費用の差額として生じる。新結合への企業者の動機は、まさにこの差額利潤の獲得に求められる。しかし、時間がたってそのイノベーションの内容が一般に普及するにつれて企業者利潤は減少し、やがて消滅する。したがって、企業者には利潤を求めて永続的にイノベーションに取り組む動機が働くことになる。しかし、新結合は企業者だけでは遂行できない。なぜなら、新結合の遂行には資金が必要であり、それを媒介する「銀行家」の役割が必要だからである。シュンペーターの経済発展論の特徴は、新結合を遂行するに際して銀行家に創造的で重要な役割を与えた点に見出すことができる。

銀行家の果たすべき役割は貨幣創造である。すでに軌道に乗っている生産活動に対して融資を行うことは、ここでは貨幣創造とは呼ばない。新結合は、銀行家が融資すべきかどうかを考えている時点では、まだ行われていない。したがって、新結合という、現時点ではまだ現れていないものに対して融資を行い、それが実現する手助けをすることで、銀行家はその創造的な機能を遂行するのである。銀行家は新結合が結局は失敗するかもしれないリスクを負いながら、新しい技術、企業者の能力、収益性等に関する自らの判断能力をかけて貨幣創造を実行する。したがってシュンペーターは、新結合のための資金調達と循環のためのそれとの間には根本的な相違があるという。なぜなら、循環のための資金調達は、

一方ではすでに実行された生産およびそれによってもたらされた社会的生産物の増加に対する一種の証明書であると同時に、他方ではこの社会的生産物の各部分に対する指図手形であると解釈することができる。(同前)

しかし、新結合のための資金調達の場合、新結合の下での生産はまだ行われていないため、前者の性格は欠けている。それが満たされるのは、新結合がうまく成功した後のことに過ぎない。逆にいえば、それがゆえに銀行家は新結合の過程で創造的で重要な役割を発揮するといえよう。シュンペーターは銀行家の機能を総括して、次のように述べている。

いまや彼自身が唯一の資本家となるのである。彼は新結合を遂行しようとするものと生産手段

の所有者との間に立っている。社会的経済過程が強権的命令によって導かれていない場合にのみいえることであるが、彼は本質的に発展の一つの現象である。彼は新結合の遂行を可能にし、いわば国民経済の名において新結合を遂行する全権能を与えるのである。彼は交換経済の監督者である。(同前)

このように、シュンペーターは経済発展にあたって銀行家にきわめて重要な役割を与えた。ただし、ここでの銀行家はあくまでも新結合の担い手である企業者が、実際に新結合を実現できるよう資金調達を図る点で、「実物経済」を支え、イノベーションを補佐する金融としての側面を強く持っている。それは決して、ケインズの描いたような「投機家」ではなく、したがって「金融のための金融」ではない。「リーマン・ショック」以降の金融崩落を目にした我々は、シュンペーターが銀行家に与えたこの役割の重要性を改めて想起すべきではないだろうか。金融機関は、投資銀行のようにもっぱら新しい金融商品を開発して「金融のための金融」によって利潤創出を図るのではなく、その創造的な能力を新結合の遂行という、資本主義発展にとって本質的な仕事に注ぐべきではないだろうか。シュンペーターは我々に、そのように教えているように思われる。

三、経済学の未来はどうなるのか
――または、経済学はこれから何を考えていくべきか

㈠ 変容する国家と市場の関係

市場を補完する国家

経済学の未来を取り扱う本章では、経済理論が今後どういう発展を遂げるのかを予測的に述べるというよりも、前章までの議論に基づいて経済学が今後、何を考えていくべきかという問題について、筆者の考え方を展開することにしたい。本書第一章では、経済学がこれまでその長い歴史を通じて取り組んできた五つの課題を挙げておいた。それは、第一に「市場と国家」、第二に「経済学における「自然の体系」と「人為の体系」」、第三に「「金融経済」と「実物経済」の二分法」、第四に「経済システムを担う主体は誰か」、第五に「動態的視点の重要性」というものであった。第二章では、過去二五〇年の経済学の歴史の中で、代表的な経済学者がこれらの問いに対してどのような解答を与えてきたのかをみてきた。それらをまとめると、以下のようになるだろう。

第一の「市場と国家」の関係では、経済学は時代によってその力点を変化させてきた。すなわち、古典派経済学では「資本蓄積の促進」が最高の格律とされ、国家にはそれを侵さないことが求められた。特にアダム・スミスは、重商主義国家による恣意的な経済政策を批判し、「自然的自由の体系」の下でこそ国富がもっとも増進することを証明しようとした。したがって国家は、市場ではうまく供給されない治安維持、司法、公共事業という三つの役割だけを担い、この「自然的自由の体系」に対してあくまでも補完的な役割を果たすにすぎなかった。これに対してリカードは国家論を積極的に展開せず、租税転嫁論を通じて、間接的にのみ国家のあるべき姿を論じた。それはやはり、資本蓄積を阻害しないよう租税体系を設計しなければならないというものであった。しかし、同様の問題意識は、土地単一税論でみたように、経済の再生産構造を初めて把握したケネーについても基本的には共通していた。

彼らに共通するのは、市場の機能を理性の働きを通じて認識することが可能になったからには、国家もその理法に従わなければならないという見解の表明である。これは当時、資本主義がまだ萌芽期であったため、それを育てていくには、市場を国家から分離し、それを自立させなければならないという共通認識を彼らが持っていたからだともいえる。というのも、市民革命期までの国家は、市場と未分離のまま渾然一体となっており、国家の収入もほとんど王領地収入から成り立っていた。つまり、「国家経済」と「市場経済」が未分離だったのである。名誉革命やフランス革命などの市民革命は、このような王領地経済を解体して私有化し、国家と市場を分離する役割を果たした。このことによって国家は自らの財産を失う代わりに、新たに「租税」という形で、市場からその財源を調達する関係に切り替えた。

まだ萌芽期にあった資本主義を発展させるためには、経済政策面でもこの分離を推進しなければならない。そのため、重商主義のような国家の恣意的市場介入を排し、その政策を経済法則に「合法則的」なものに変えていく必要があった。そこで古典派経済学は、市場における再生産と資本蓄積のメカニズムの法則性を明らかにすることを通じて、国家の政策を、そこから引き出される規範に沿ったものにするよう求めたのである。重農学派の知識人でもあった、ルイ一六世の財務総監チュルゴーが租税特権を廃止し、税制の合理化を試みたのも、この文脈で理解できる。つまり、国家の租税機構が経済を疲弊させ、その負担が農民たちに重くのしかかっている状況を取り除くことで、当時のフランス経済の再生産と資本蓄積を再び軌道に乗せ、絶対王政を崩壊の淵から救い出そうとしたのである。このように、重農学派や古典派経済学では、ルールを守らせる対象が、あくまでも国家であった点に留意をしておく必要がある。

もっとも、重農学派や古典派経済学が国家に対してあれほど強く求めた「合法則性」も、一九世紀に入って資本主義経済システムが十分に発達すると、「市場による国家の規律づけ」を通じてより安定的に実現できるようになった。つまり一九世紀の金本位制、自由貿易制度、均衡財政主義などからなる当時の自由主義的経済システムの下では、経済問題の解決が基本的に市場の自律的な調整機能に委ねられ、国家もそのような調整メカニズムに服さざるを得なくなったからである。その典型が、前章でも議論した金本位制度である。金本位制下では、中央銀行は金の流出入に応じて自動的に通貨供給量を増減させねばならず、金融政策の自律性は失われる。国際貿易の自動調整メカニズムとして金本位制が機能するのだとすれば、国家はそれを支える一個の部品として機能し、そのような調整メカニズムが円滑に働くよう「影」のような役割を果たすことになる。国家による裁量的な経済政策は、このような調整メカニズムを攪乱させるという弊害を生むため、常に市場の側からチェックを受けることになる。自由貿易制度、均衡財政主義についても同じ論理が妥当する。つまり、うまく機能している調整メカニズムに対して、国家は自由貿易制度の維持を通じてそれが円滑に機能するよう支え、さらに財政均衡主義によって、それを攪乱しないよう中立的なポジションを取ることを求められたのである。こうして一九世紀に「自然的自由の体系」は完成の域に達し、国家は、市場によってその行動を規律づけられることになった。

「公正な競争ルール」としての規制

こうして万全にみえた資本主義経済システムだが、他方で一九世紀後半から二〇世紀にかけて、それがもたらす問題は無視できない大きさに達しつつあった。前章のマルクスの資本蓄積論に即してみたように、周期的恐慌の発生とそれにともなって発生する失業問題、その過程で進行する企業の淘汰と独占・寡占化、貧困問題や社会的不平等の拡大といった諸問題は、資本主義経済システムである限り必然的に生み出され、蓄積の進行とともにますます深刻化する点で、その本質的な欠陥を表しているとマルクスは指摘した。彼は、資本主義経済システムはこれらの問題を自動的に解決するメカニズムを内蔵しておらず、したがってこのシステムはやがて自己崩壊を遂げ、革命を経て社会主義に移行せざるを得ないと説いた。これに対してピグーやケインズは、社会主義に移行するまでもなく、資本主義経済システムの枠内で国家が適切に市場介入を行うことで、問題を解決可能だと考えた。二〇世紀は、これら二つの方向性が、アメリカ、西欧などの「西側諸国」と、旧ソ連、東欧などの「東側諸国」に分かれてそれぞれ試されたという点で、社会システムの優劣に関する壮大な「実験の世紀」となった。その結果は、我々がみな知るように、社会主義を導入した東側諸国の崩壊という形で終わった。しかしこれは、マルクスの意味での純粋な資本主義が勝利したということを意味しない。すでに「西側諸国」では、ピグーとケインズの線にそって国家が大幅に市場に介入し、私的原理と公的原理を組み合わせた資本主義経済システムに変容していたからである。

二〇世紀における国家と市場の関係を理解する上で重要なのは、次の二つのポイントであろう。第一は、完全雇用と物価安定を目標として、国家による経済管理が行われるようになったという点である。これについてはすでに前章のケインズに関する議論にそって論じたので、ここではこれ以上触れない。第二は、国家の資本に対する規制が、労働、金融、そして環境などさまざまな観点から行われるようになったという点である。マルクスの『資本論』は、「資本主義の本性」を抉り出す点で大変優れた作品だが、彼のいうように、産業は絶対的な意味でも相対的な意味でも剰余価値を獲得し、それを最大化するよう駆り立てられている。そのためにも産業側には、労働者に対して長時間労働を強い、支払わねばならない賃金を切り下げ、そして安全かつ快適に労働するための環境を整備する費用を節約する動機が働いている。これは、産業が悪いという意味ではなく、激しい競争の中を勝ち抜いて生き残っていこうとすれば、個々の企業はそういう選択をせざるを得ない、そういうメカニズムが資本主義経済システムの下では働くということを、マルクスは余すところなく描き出したのである。

だからといって、この状況を放置していると労働者は自分の能力を向上させる余裕がないどころか、健康を害し、精神を病む恐れすらある。結果として労働生産性は低下し、最悪の場合には労働力の再生産もままならなくなり、資本主義経済の蓄積メカニズムが機能しなくなる。つまり、個別企業として競争を勝ち抜く手段として行ったことが、システム全体を脆弱化させることになり、結局は産業に不利益としてブーメランのように報いが返ってくる。かといって、他企業よりも賃金を引き上げたり、労働環境の改善に費用をかけたりすれば、それはその企業にとって競争上の死を意味する。ここに、国家が市場参加者すべてに適用される共通の競争ルールとして、労働規制を課す根拠が生まれてくる。これは、国家による恣意的な市場介入ではなく、むしろ市場に参入するすべての企業に平等に適用され、競争条件を企業間で均等化する「公正競争ルール」として機能する。こうして、一九世紀とは異なって二〇世紀には、ルールを守らせる対象が国家から資本の側に移行したのである。したがって二〇世紀の国家は、労働、金融、環境などの観点から資本に対して規制をかけ、公正競争のルールを市場に埋め込んでいく「規制国家」としての顔を持っている。

「規制国家」が果たす積極的な役割

一九七〇年代以降、世界的に規制緩和の潮流が顕著になっていくが、今もなお、二〇世紀に形成された「規制国家」としての国家の役割が完全に解体されたわけではない。二一世紀の資本主義が、その意味で一九世紀的世界に逆戻りすることはもはやないであろう。むしろ、規制をめぐっては、別の側面に注目すべきだと筆者は考える。つまり、規制が資本主義の発展を阻害するという規制緩和論の主張とは裏腹に、それはむしろ資本主義のさらなる発展を促してきたのではないかという論点である。たとえば労働規制は労働コストを上昇させることで、利潤獲得の余地を狭めたが、その反面、産業はそれを乗り越えるために労働生産性を引き上げる努力を行い、それが技術革新への動機づけとなったのではないか。同様の論点は、むしろ環境規制の面でこそ多く論じられてきた。実際、この論点を取り扱った大量の研究がすでに存在している。それらによれば、環境規制はたしかに産業の生産コストを上昇させるが、それはその産業の国際競争力を削ぐほど大きな費用上昇を引き起こすわけではない。むしろ規制を受けた産業は、資源・エネルギー生産性の向上によって規制による費用上昇分を打ち消す努力をした。さらに長期的には、同じ生産量をより少ない資源・エネルギー投入で可能にするような技術の開発に彼らは注力し、結果としてその産業の国際競争力はむしろ強まることになったのである。

これは、よく知られているように、自動車に対する排ガス規制と自動車産業の関係に関する論点でもある。つまり、北米市場における日本車の成功の大きな要因が、低燃費車の開発にあったことは周知の通りである。その出発点は、アメリカでマスキー上院議員が自動車の排ガスを一〇分の一にまで削減する野心的な規制法案(いわゆる「マスキー法」(一九七〇年))であった。実はこの法案は、肝心のアメリカでは経済への悪影響が大きいと、実施が延期され、七四年には廃案になってしまった。これに対して日本では、アメリカが重要な輸出市場であるために、自動車メーカーにとっても規制に対応しなければならないこと、そして何よりも日本国内の大気汚染問題を解決しなければならないこと、以上二つの理由から、同等の規制(「日本版マスキー法」)を導入すべきだとの声が高まった。これに対して経済への悪影響を理由とした反対の声も強く、当時の日本興業銀行調査部は、価格上昇と需要の減退、生産と雇用の減少(九万四〇〇〇人)により、国民経済に多大な悪影響が出ると警告した。しかしこの調査結果は、日本の自動車メーカーの技術水準の実態を踏まえたものではなかった。自動車メーカーに対する調査を行った「七大都市調査団」は、すでに複数の日本の自動車メーカーが、マスキー法をクリアーする技術を開発していることを突き止めていた。そして調査団は、技術的にみて日本でマスキー法と同水準の規制を実行することは可能だとの結論を引き出したのである。この結論や、世論の後押しもあって、結局日本では一九七八年に規制が実施されることになった。自動車メーカーはまずは触媒装置によってこの規制をクリアーし、やがて燃費を向上させることで排ガスをさらに削減することに成功した。この規制が日本の自動車メーカーの技術力を鍛え、彼らが北米市場で成功を収める契機になったことは否めない。GMとクライスラーの経営破綻を見た我々は、日米の自動車メーカーの運命を分けることになった原因の一つに、野心的な環境規制の導入を遅らせたアメリカと、それを断行した日本の違いに注目せざるを得ない。環境対応の巧拙が、自動車メーカーの命運を左右することがますます明白になりつつある今、この教訓のもたらす意味は重い。

以上のことから分かるのは、規制が新しい競争のフィールドを設定する役割を果たしているという事実である。ここでの問題は、規制を実施すべきか否かではなく、いかにスマートな規制を設計し、それをどのようにして洗練された形で運用するか、という点にある。さらに、規制が及ぼす効果を短期と長期に分けて、長期的にはそれが技術革新を引き起こすよう設計されることが望ましい。経済学の豊かな知見は、ひたすら規制緩和の効用を説くためではなく、むしろ、いかにスマートな規制を設計すべきかを考察するために用いられるべきであろう。もっとも、経済のグローバル化によって、国家と市場の力関係は変わってきている。規制緩和が世界的に進行している背景には、国際的な資本移動が活発になる中で、自国に資本を吸引するためには厳しい規制を導入しにくいという事情がある。グローバル化した世界において、国家と市場の関係をどのように再構築すべきかという点に、二一世紀の経済学の新しい課題が生まれている。この点については後述したい。

(二)「実物経済」の「金融経済」に対する優位

二〇世紀的現象としての「実物経済」と「金融経済」の分離

さて、経済学に共通する五つの課題として挙げた、第一の「経済学における「自然の体系」と「人為の体系」」、そして第三の「「金融経済」と「実物経済」の二分法」については、貨幣がなんら積極的役割を果たさない「物々交換」の世界を描いた古典派経済学においては、大きな問題になりえない。これに対して、二〇世紀に入ると所有と経営の分離が進行し、投資家階級と企業家階級への分化が生じる。これは、貯蓄を決定する主体である投資家階級と、投資を決定する主体である企業家階級への資本家階級の分裂を意味する。株式会社が一般的になる前、つまり所有と経営が一体となっていた一九世紀には、貯蓄と投資の決定主体は同じであり、貯蓄はほぼそのまま資本蓄積に再投資されるという構図が成立していた。このため、「金融経済」と「実物経済」を区別して論じる必要性はそれほど大きくなかった。しかし、二〇世紀にはもはやセー法則は成立せず、貯蓄と投資が一致しないことから経済が不均衡に陥り、不安定化していく要素が生まれる。しかも、投資家階級はもはや実物投資の観点からのみ資金配分を行う存在ではなくなっていく。彼らは貨幣の「交換手段」としての機能だけでなく、「価値保蔵手段」としての機能に注目し、自らが保有する株式などストック価値の最大化に利害関心を持つようになる。このとき、投資家は必ずしも自らが資金を振り向ける投資先が手がけている事業の専門家である必要はない。経営はその事業の専門家である経営陣によって担われている。したがって投資家は、事業の詳細な内容ではなく、保有株価が将来上昇するのか、それとも下落するのかという点に最大の関心を持つようになる。

二〇世紀の特徴は、このような「非専門的」投資家の大量流入によって特徴づけられる証券市場が急速な発達を遂げた点にある。このことは、ケインズが指摘するように、証券市場に次のような特質をもたらした。第一に、社会の総株式保有量のうち、投資対象となる事業の詳細やその将来見通しについて、特別の知識を持たない人々によって保有される割合が増大した結果、株価は、これらの人々の思惑によって左右される度合いが高まった。第二に、明らかに一時的で重要性を持たない株価の日々の変動に対しても、合理的計算のための確固たる基礎を持たない多数の素人は動揺し、敏感に反応するようになる。群集心理によってその行動はさらに増幅されていく。第三に、これに対して専門的知識を持った投資の玄人筋は、このような素人の気まぐれを、自らの投資行動を通じて修正しているのかというと、そうではない。なぜなら、彼らの腕の見せ所は、一般大衆に先んじて彼らが抱いている慣行的な評価がどう変化するかを予測することだからである。つまり彼らは経験上、市場の群集心理にもっとも影響すると見られる種類の情報や雰囲気を材料に、一歩先んじて近い将来の株価を予測することに全精力を注ぐ。彼らの成功は、群集心理に影響を与える諸要因を分析し、三カ月先とか一年後に株価がどうなるかをよりよく見通すことで、いかに他人をうまく出し抜けるかにかかっている。これがケインズによる有名な「美人投票の論理」の世界である。つまり、彼の有名な比喩によれば、美人投票で誰が選ばれるかを予測するゲームで勝利を得るためには、真の美人を見出そうと努力しても無駄である。重要なのは、他の投票者たちが誰に最大得票を与えそうかを正確に予測することである。つまり、証券市場において成功するには、経済の実態に忠実に投資をするよりも、市場の群集心理に影響を与える要因を分析し、近い将来の株価変動を正確に予測することが近道になる。しかしこれが、経済のファンダメンタルズ(基礎的条件)とは何の関係もないことは言うまでもない。

こうして二〇世紀は、資本家階級の投資家階級と企業家階級への分離、そして、それに対応する「金融経済」と「実物経済」への分離によって特徴づけられるが、両者の相互作用を踏まえて経済システムを包括的に分析できる理論的枠組みを「一般理論」として提示したのがケインズであった。しかも前章でみたように、彼は雇用と物価の安定を、外国為替の安定よりも優先させるべきだとの主張を行っていた。この議論の中で重要なのは、雇用や物価など「実物経済」の安定こそが最優先すべき目標であって、「金融経済」はそれを実現するための手段として位置づけられるべきだという思想である。ケインズの利子率決定理論を示した図7(八八頁)に描かれている垂直の貨幣供給曲線Msは、利子率に関わりなく中央銀行によって貨幣供給量がコントロールされていることを示していた。そして、完全雇用が達成されていない場合には、中央銀行が貨幣供給量を増やし、利子率を低下させることで投資を拡大させ、完全雇用を実現することを推奨した。しかしこのことを可能にするには、中央銀行に対し、裁量によって貨幣供給量を増減できる自由を保障しなければならない。

そのためには金本位制から脱却し、管理通貨制度に移行しなければならない、というのがケインズの主張であった。金本位制の下では、中央銀行は金の流出入に応じて自動的に貨幣供給量を増減しなければならず、裁量の余地がないからである。これに対して管理通貨制度の導入は、各国政府に対し、国内物価と雇用の安定を目的とした政策を裁量的に実施する自由を保障する。これこそ、「自然の体系」から「人為の体系」への移行が意味するところにほかならない。

「人為の体系」としてのブレトンウッズ・システム

ところで、「人為の体系」とはいったい何を意味するのか、そして、それをどのように構築すればよいのか。この問いに答えを出したのが一九四四年にアメリカ、ニューハンプシャー州のブレトンウッズで開催された会議であった。この国際会議にはルーズヴェルト大統領によって招待された四四カ国が集ったが、実質的にはイギリスとアメリカの二国間交渉が主軸となった。そして、イギリス代表団を率いたのがケインズ、アメリカ代表団を率いたのがホワイトであった。ケインズもホワイトも、この会議に臨むに当たって事前に、それぞれ国際通貨システムを含む、戦後の国際経済体制の具体的構想を練り上げていた。この会議は、これら両案をめぐって展開されたイギリス、アメリカ両国間での激しい闘争として描かれることが多い。そして最終的な合意では、当時の国力差を反映してアメリカの勝利に落ち着くのである。実際、心臓疾患を患っていたケインズは、この一連の神経をすり減らすような交渉がもたらす負担で自分の寿命を縮めることになってしまう。にもかかわらず、ヘライナーの研究によれば、ケインズとホワイトは両者とも、資本の国際移動をコントロールし、抑制しなければならないという点において意見の一致をみていたという。その理由は第一に、新しい福祉国家によって実施される裁量的な政策の自律性を破壊するような資本の国際移動は、これを許容してはならないという点にあった。第二は、自由主義的な国際金融秩序は、安定した為替システムや自由貿易体制の維持とは両立しないと彼らが一致して信じていた点にある。つまり、国際的に自由な資本移動を許容すれば、投機資金が収益の最大化を目指して世界を駆け巡り、為替相場を不安定化させる主要因となる。さらに、為替相場の乱高下は、自由貿易の安定的な発展にとって好ましい影響をもたらさない。

この点は、前章で議論したケインズの思想との関連でも非常に重要である。つまりケインズは、国内物価と雇用の安定化のためにも管理通貨制度に移行し、通貨供給量を金保有量と切り離すことで、中央銀行に対して貨幣供給量コントロールの自律性を与えることが望ましいと考えていた。他方で彼は、一九三〇年代に各国が、輸出拡大を狙った為替の切り下げ競争や保護貿易に走った反省から、その再発を防ぐ必要があると考えていた。その方法が、安定的な為替相場を保障する国際通貨システム、つまり「変更可能な固定相場制」の採用である。これは、各国が対ドルとの関係で平価(日本の場合は一ドル=三六〇円だった)を持つが、貿易の累積的な不均衡が大きくなれば、平価を変更できるというシステムである。

ただし、このシステムを安定的に運用するためには、国際的な資本移動を抑制することが条件となる。なぜなら、国際的な資本移動を許容すると、大規模な為替投機が生じる可能性が生まれるからである。たとえば、ある通貨が大量に売り浴びせられるということが起きかねないが、その場合に中央銀行は自国通貨を買い支えることになる。しかし、一九九七年のアジア通貨危機で大暴落したタイ・バーツのように、中央銀行の外貨準備が底をついて買い支えることができなくなれば、平価切り下げに追い込まれる。この買い支えで、タイ・バーツに対して空売りを仕掛けたヘッジファンドは巨利を得たという。このような為替投機が生じる余地をあらかじめ狭め、為替相場の安定化を図るためにも国際的な資本移動を抑制することが必要だったのである。

以上のことから、「人為の体系」の「人為」たるゆえんは、国際的な資本移動の「人為的」なコントロールの下で為替相場を安定化させ、国内では「人為的」な財政金融政策によって雇用と物価の安定化を図る、そのような経済システムの構築を図る点にあった。そして、一九四四年に合意されたブレトンウッズ協定は、まさにこのようなシステムを具現化するものであって、一九三一年以前の金本位制に基づく自由主義的な経済システムへの復帰を、最終的に拒否するものであった。実際、最終案に向けて多くの条文修正が行われたものの、IMF協定第六条では、すべての国に資本移動をコントロールする権限があると明記され、国際的な資本移動の抑制に関するケインズとホワイトの思想は明確に条文として生き残った。そしてこれは、明快に「実物経済」の「金融経済」に対する優位性を宣言する意味合いを持っていた。

このシステムは彼らの意図通り、その後、約三〇年にわたって自由貿易の拡大と先進国経済における高度成長、そして物価の安定と完全雇用を実現することに寄与した。これは偉大な成功であろう。今日、我々が目にする経済のグローバル化にともなう諸問題、とりわけ金融の不安定性とそれによる実物経済への悪影響は、したがってブレトンウッズ・システムのゆえではなく、その崩壊ゆえに生起していることを押さえておかねばならない。ブレトンウッズ・システムが崩壊に至る起源は、一九五〇年代後半にアメリカ企業が欧州に活発な投資を行った結果、大量のドル流出が起きた時点に遡ることができる。過剰となったドルが金と交換され始め、やがてアメリカから大量に金が流出したことで、ドル価値が暴落する「ドル危機」が発生した。アメリカの歴代政権はドル防衛を試みたが、ついにニクソン大統領は一九七一年に金とドルの交換停止を一方的に発表した(「ニクソン・ショック」)。紆余曲折の末、一九七六年にＩＭＦ協定が改正され、変動相場制が合法化されたことでブレトンウッズ・システムは終焉を迎えた。これ以降の国際通貨システムは、山本栄治によれば、金本位法を持つ国際金本位制や国際協定を持つブレトンウッズ・システムとは異なって、いかなる制度的基礎も持たない「**ノンシステム**(nonsystem：制度なき制度)」として特徴づけられるという。このシステムは、国際収支の調整や国際流動性の供給など、すべてを市場にゆだねるという意味で、「**システムの民営化**(the privatization of the system)」と名づけるのがふさわしい。つまり、世界大恐慌の教訓を経てようやく構築された「人為の体系」は放棄され、再び「自然の体系」に戻ってしまったのである。

新たな「人為の体系」への復帰の必要性

金融機関や多国籍企業は、変動相場制という新しい環境下で生き残るために、為替変動のリスクを回避するさまざまな金融商品を開発するようになった。また彼らは、資金をグローバルに運用することで国際的な裁定取引を行い、運用資金の収益率を向上させようと試み始めた。これらの結果生じたグローバルな資金移動の圧力に直面して、各国政府は国際的な資本移動をもはや自国でコントロールすることを放棄していった。彼らはむしろ、新しい環境に対応するために一九八〇年代以降、国内で「金融自由化」に打って出た。「金融自由化」とは、国内的には、㈠金利規制の撤廃や、㈡銀行・証券の業態間相互乗り入れの促進、といった要素を含むが、本書の文脈でより重要なのは、㈢資本の国内外移動に対する制限の撤廃である。これによって、ケインズとホワイトが構築しようとした第二次世界大戦後の国際的な経済秩序の基盤は、最終的に大きな打撃を受けることになった。

しかも、一九八〇年代に先進各国で進められた金融自由化は、たしかに資源配分の効率性を高めたかもしれないが、同時に金融の社会的影響力をきわめて大きなものにした。というのは、アメリカ、スウェーデン、日本など、金融自由化を進めた先進各国はいずれもバブルの生成とその崩壊に見舞われ、そのたびに実物経済は大きく揺さぶられるようになったからである。これらの事例に共通してみられるのは、金融自由化の帰結としてバブルが生成、やがて崩壊し、その結果として生じた金融ショックが、実物経済にも悪影響を与えて不況が始まるというパターンである。サブプライム問題や二〇〇八年の「リーマン・ショック」に端を発する今回の世界同時不況も、不動産投資の過熱が反転してバブルが崩壊し、金融面のショックが実物経済に悪影響を与えるという過程を経た点で、日本のバブル崩壊と全く同じ経路を辿っている。今やおなじみとなった不況突入のプロセスだが、日本でもバブルが崩壊した時点では、このような新しいタイプの景気循環の本質をつかむことができないまま、多くのエコノミストが、「在庫調整が終われば景気は回復する」とコメントしていたのを筆者は覚えている。これは、実物経済の需給不均衡から不況が始まるというそれまでの景気循環パターンに、彼らの認識が引きずられていたからである。結局、日本の不況はバブル崩壊後一〇年もの長期にわたって続き、不良債権の処理を経てようやく日本の金融システムは正常化したのである。宮崎義一は、これら一連の新しい景気循環のプロセスにいち早く注目してベストセラー『複合不況』を執筆し、景気循環を規定する力が「実需取引」から「金融取引」へと移行したことを見抜いていた。

金融の巨大な力を見せつけられるのは、なにも国内だけではない。今や実需取引の何十倍もの通貨取引が日々行われているが、実需の裏づけのない取引はほぼ、投機的動機に基づいて行われていると考えてよい。この国境を越える投機的な資金の流れが引き起こす大きな問題の一つが「通貨危機」である。一九九二年には欧州通貨制度(EMS)が巨大な投機によって危機に陥り、イギリスのポンドとイタリアのリラがEMSから離脱した。このときの投機と、それに対抗する中央銀行の介入は史上空前の規模に上ったが、一国の中央銀行といえども巨大な「通貨アタック」の前には無力であることが白日の下にさらされた。その後一九九四年にはメキシコのペソ危機、一九九七―九八年にはアジア通貨危機が発生した。アジア通貨危機は、それが前例のないほど大規模なものであっただけでなく、次から次へと危機が他国市場に飛び火していくその「伝染効果」によって強烈な印象を人々に与えた。この通貨危機が国際金融界に与えた動揺は、さらに九八年のロシア・ルーブル危機、九九年のブラジル危機へと連鎖していった。これらの危機は通貨危機に襲われた国々の実物経済に大きな爪あとを残し、その元の水準への回復には何年も要している。

今回の世界不況は必ずしも通貨危機が発端ではないが、国境を越える投機資金がアメリカの不動産市場でバブルを引き起こし、それが崩壊したことをきっかけとして金融面で危機が発生し、それが実物経済を不況に引きずり込んでいった点では共通性を持っている。そして、この危機が瞬く間に世界中に伝播して世界同時不況をもたらした事実は、経済が真にグローバル化しつつあることを我々に別の角度からみせてくれた。現在、国連でのスティグリッツ委員会による報告書(二〇〇九年六月)や、国連貿易開発会議(UNCTAD)のタスクフォースによる報告書(二〇〇九年三月)など、この世界不況を契機として、世界的に金融規制を強化すべきだとの声が高まっている。同様に各国でも具体的な規制方法の検討が始まっているのは当然であろう。我々は今や「ノンシステム」、あるいは「システムの民営化」と呼ばれる状況から脱却し、国際的な資本移動のコントロールを、グローバルなレベルで実施できる新しい「人為の体系」への再復帰を構想しなければならないのである。

(三) 「ケインズ連合」の崩壊

さて、経済学に共通する五つの課題として挙げた、第四の「経済システムを担う主体は誰か」と、第五の「動態的視点の重要性」が、依然として論じ残されている。第四の経済システムを担う主体については、ケネーからシュンペーターに至る経済学の歴史を振り返ってみるとき、常にその中で意識されてきた問題であったことが分かる。その際に共通していたのは、実際に生産に携わる階級こそが経済システムを中心的に担う主体であり、だからこそ租税体系は、彼らに税負担が帰着しないよう設計されねばならなかったのである。これに対して、地主階級は生産者階級にいわば寄生した階級であり、彼らにもたらされる純生産物(レント)に対して課税を行えば、再生産や資本蓄積を阻害しなくてすむ。これが重農学派と古典派経済学の結論であった。これに対してケインズは社会階級を、投資家階級と企業者階級、そして労働者階級に分けた。そして投資家階級を「非活動階級」、企業家階級と労働者階級を一括りにして「活動階級」と名づけた。彼はその上で、経済システムを担う役割を活動階級に与えた。

実際、宮崎義一も強調しているように、この「活動階級」に経済システムの担い手としての役割を与え、完全雇用を目標とする経済政策の実施を構想するケインズのビジョンは、現実政治の面でも、一九六〇年代にアメリカで形成された「ケインズ連合」と呼ばれる政治連合として具現化されていた。というのは、一九六〇年代前半までは、資本規制を敷いた上で国内でケインジアン的な財政金融政策を実施することに対し、広範な政治的支持が存在していたからである。これは具体的には進歩的な官僚と近代的でアクティブな企業家、そして労働者階級との間で形成される政治連合という形態をとっていた。この連合は高度成長期の産物だといえるが、完全雇用を実現するような産出水準を実現することに政策目標を置き、それを可能にするために国際的な資本移動を規制することを容認していた。一九三〇年代の大恐慌の中から生まれたこの政治連合は金融を、産業のいわば「僕《しもべ》」とし、金融が政治経済に対する支配者とならないようコントロールすることについて合意を形成していた。

ところが、企業家自身が国境を越える利害関心を持つようになるにつれ、この連合は崩壊を余儀なくされた。つまり、一九五〇年代末ごろからアメリカの企業活動はますます多国籍化し、一九六〇年代末までに、資本規制は彼らの活動を阻害する桎梏となりつつあった。国境を越えて生産拠点と販売網を展開する多国籍企業にとっては、自由で開放的な国際経済秩序の方が、メリットが大きかった。その問題点である金融変動性に対しては、それに対処する金融技術を開発することで、為替変動リスクを回避することは可能であった。実際、金融デリバティブの起源とされる通貨スワップ債を一九八一年に創出したのは、ＩＢＭの求めに応じたアメリカの投資銀行ソロモン・ブラザーズであった。したがって上述のように、一九七三年にアメリカ政府が開放的で自由主義的な国際金融秩序の確立を目指して、欧州と日本による国際的な協調的資本規制の提案に反対したとき、多国籍企業はアメリカ政府の立場を強く支持したのであった。

企業家階級と労働者階級による「ケインズ連合」の崩壊は、こうして、後者の利害は依然として国境の枠内に収まっていたのに対し、前者の利害が国境を越えるに至ったため、お互いの利害が必ずしも一致しなくなった事情によるところが大きい。つまり、多国籍化した企業家階級にとってみれば、生産拠点と販売網を全世界に張りめぐらすようになれば、売り上げの相当部分は海外から上がるようになり、その本社所在国の経済状況と、その企業の収益とは必ずしも連動しなくなっていく。そうすると彼らにとっては、自由な国境を越える資本移動を規制することで得られるメリットよりも、そのデメリットの方が大きくなる。これに対して、労働者階級は国境を越えて移動するわけには行かず、基本的に国内経済状況と自らの生活水準は密接な関係を持つ。

こうして資本の国際移動に対する規制が外され、経済のグローバル化が推進されるようになると、国家が労働者階級の利害を守ることはますます難しくなっていく。なぜなら、再分配政策を強化するために企業により大きな負担を求めれば、その企業は海外に拠点を移す可能性があるからだ。グローバル化した経済では、企業は本拠を置く母国だけでなく、世界規模で生産費を最小化するよう最適立地戦略を実行する。そうすると、税負担や社会保険料負担の重い国、あるいは、労働規制などの社会的規制が強い国は、企業にとってそこで立地し、生産するコストが高い国だということになる。彼らはそのような国への立地を嫌がり、コストの小さな国へ移ろうとする。このため各国政府は、彼らを引き止めるために規制緩和や民営化を率先して実行し、社会保障を大幅に削減し、小さな政府を実現することで、産業の負担を最小限に食い止めようとする。そして、グローバル化した世界では、各国が資本の吸引をめぐって競い合っているので、ある国Aがこのような政策を実施すれば、別の国Bも追随し、それを見たさらに別の国Cも追随、それらに刺激されたA国が再び、今度は追随国を上回る規制緩和や負担水準の引き下げで応えるといった雪崩現象が起きやすい。これが、競って税負担や規制を下方へ向けて引き下げる、いわゆる「底辺への競争(Race to the Bottom)」と呼ばれる現象である。

経済がグローバル化していく中で、規制緩和、民営化、金融自由化を一九八〇年代から先進各国は進めてきた。したがって各国政府はもはや、国境を越える資本に対する統制を実行しようにもその手段を奪われた状態となっている。政府にできることといえば、企業のために、他国よりも自国の競争条件を引き上げてやることである。しかし、それは往々にして医療、年金、介護などに必要な社会保障財源を切り下げ、累進所得税をフラット化するなど、再分配政策の犠牲をともなうことが多い。これは、資本が国境を越えてグローバルに展開しているのに、国家がいまだにウェストファリア条約(一六四八年)以来の国民国家のままでいることの矛盾の現れである。つまり、問題を解決するためには、経済のグローバル化にあわせて、国家の枠組みもグローバル化しなければならないのである。しかし、仮にグローバル化した国家の枠組みが創出されたとしても、国家が消滅するわけではない。したがって、従来の国民国家と「グローバル化された国家」との間で、どのように公共的な機能を役割分担するのが公平で効率的かという問題が浮上せざるを得ない。経済学は、この課題に対しての有益な提言を行いうる潜在能力を持っているはずである。

(四) 資本主義の未来とその「非物質主義的転回」

資本主義の将来ビジョン

さて、最後に五点目の「動態的視点の重要性」である。古典派経済学のリカードはこの点に関して、資本蓄積の進行につれて利潤率が低下し、やがて利潤ゼロの地点に到達することで、資本主義は蓄積が停止する定常状態に達するという議論を展開した。また、マルクスは、資本蓄積につれて過剰労働人口や周期的恐慌の発生といった矛盾が拡大し、終局的には社会主義への移行が不可避になると論じた。これに対してケインズもまた、一九世紀から二〇世紀にかけての資本主義における歴史的傾向を把握することによって、『雇用、利子および貨幣の一般理論』を構築した。彼がつかんでいた歴史的傾向とは、第一に、社会が豊かになればなるほど、現実の生産と潜在的な生産能力のギャップがますます拡大すること、第二に、それは潜在的生産能力にふさわしい有効需要(消費+投資)が生まれないからだが、社会が豊かになるにつれ、所得と消費のギャップはますます大きくなっていくこと、第三に、資本蓄積が進行するにつれ、ますます大量の減価償却準備金が必要となり、これが新規投資のための原資を奪ってしまうこと、そして、同様に蓄積の進行につれて、ますます新規投資の機会を発見するのは難しくなること、このことから第四に、潜在的生産能力と有効需要のギャップを埋めるため、政府が裁量的な財政金融政策によって完全雇用を保証するよう市場に公共介入する必然性が発生する、というものである。これに対してシュンペーターは、資本主義発展を「循環軌道の非連続的な変更」と定義し、それを遂行するためには「新結合」が行われる必要があると説いた。そして、その担い手としての企業家と銀行家の役割を高く評価したのである。

現代経済学では、このように動態分析を通じて歴史的傾向をつかみ出すという手法はとられなくなっている。もちろん、時間を止めて分析する「静学(Statics)」的一般均衡理論に対して、時間を動かして分析する「動学(Dynamics)」的一般均衡理論は存在する。しかし、これはあくまでも一般均衡分析の枠組みに時間軸を取り込んだものであり、現実の経済システムを観察する中からその歴史的傾向を取り出すという分析手法とは異なっている。とはいえ、歴史的傾向分析の手法は、過去の傾向がそのまま将来にも継続すると仮定しているため、時代の推移とともに前提条件が合わなくなれば、その分析結果は現実妥当性を持たなくなってしまう。この点で、歴史的傾向分析は、「科学的」な分析方法とはみなされなくなったといえよう。しかし筆者は、歴史的傾向に関する分析を、科学的な分析手法としてよりも、その経済学者の「資本主義に関するビジョン」として受け取るべきだと考えている。したがってその分析結果が本当に現実を正確に予測できたかどうかは、副次的な重要性しかもたない。むしろ、その経済学者の思想をよりよく理解するための方法として、この「ビジョン」を理解することが一番の近道になる。

「わが孫たちの経済的可能性」

資本主義の将来ビジョンという点で興味深いのは、ケインズが一九三〇年にマドリードで行った講演「わが孫たちの経済的可能性」である。この講演は、「資本主義の未来」について色々なことを考えさせてくれる。ケインズはこの講演の中で、人間の必要を、その生存に関わる「絶対的必要」と、その充足を通じて仲間に対する優越感が与えられる「相対的必要」とに分けた。その上で、経済発展につれて前者が十分満たされるため、後者の非経済的な目的に対してより多くの精力を割くような時点が到来すると述べている。つまり、産業革命以来の人類の生産力の急速な発展からいって、大きな戦争とか人口の顕著な増加がないならば、経済問題は今後一〇〇年以内に解決されるというのである。こうして人類は史上初めて、経済上の切迫から解放されて、獲得した余暇をより賢明な目的のために、どのように使うべきかという問題に直面する。しかし、我々はあまりにもこれまで従来型の禁欲的な勤労倫理に縛られてきたので、自由にしてよいといわれても何をしてよいか分からない。余暇における身の処し方をよく知っているのは富裕階級だが、ケインズは一般の人々も、もう少し経験を積めば富者たちと全く異なった方法で余暇を利用し、独力で生活計画を打ち立て、その生活術を洗練できるようになるだろうと述べている。富の蓄積が社会的重要性を持たなくなるにつれて道徳律は変化し、資本蓄積とそれを促すために形成されてきた社会的慣習や経済的慣行は、自由に放棄することができるようになる。さらに、これまで最高の徳としてあがめ奉られてきた「財産としての貨幣への愛」は、もはや精神病の専門家に委ねられるような、半ば犯罪的で半ば病理的な性癖としてみなされるようになるだろうとすら彼は述べている。

この講演から八〇年後の今、我々の社会は経済問題になお縛られているし、道徳律の大きな変化を目の当たりにしているようにも思えない。そしてあと二〇年後までに、ケインズの「予言」が実現しそうにも思えない。にもかかわらず、ケインズの見通しは全面的にではないが、水が徐々に染み通るような形で漸進的に、少しずつではあるが実現しつつあるように思えてならない。というのは、たしかに少なくとも先進国の人々は、八〇年前に比べて日々の生存のために割かねばならない時間、エネルギー、所得を節約し、他の非経済的な目的に振り向けることができるようになっているからである。そして、多くの調査研究が指し示しているように、先進国の人々の価値観の「非物質主義的」な傾向が明確になってきている。つまり、人々が何をもって豊かだと感じるかといえば、それは所得の多寡ではなく、所得では買えない、何か非物質的なものに依存している傾向が強まっている。ここでいう非物質的なものというのは、安心感、環境のよさ、快適性、文化性、芸術性、歴史性や伝統の価値、地域との一体性、良好な人間関係や社会関係といった要素を含んでいる。これらは、所得が上昇したからといって自動的には手に入らないし、市場で購入するのはきわめて難しい。

最近、若者が自動車を購入しなくなったという。もちろん、公共交通機関が便利だから、あるいは、携帯電話やゲームに対する支出の優先順位が高まったから、という説明がなされることもある。しかし、筆者にとって一番説得力があるのは、若者の嗜好が変化しつつあり、車がもはや彼らの物質的欲望を満たし、その社会的地位の上昇を象徴する手段として機能しなくなりつつあるのではないかという説明である。豊かな社会における物質的欲望の減退は、新しい経済問題となる可能性もある。つまり、ケインズが潜在的生産能力と有効需要のギャップに基づいて不況の原因を説明したように、物質的欲望の減退による消費水準の低下は、もしそれが社会全般を覆う普遍的な現象になれば、当然のことながら潜在的生産能力とのギャップを生み出し、不況の原因となるだろう。しかし、ストーリーはここで終わらない。ここでいう「消費」とは物質的な財の消費であって、非物質的な財・サービスの消費ではない。人々が上述のような非物質的な価値を、物質的な価値よりも高く評価するようになっており、それに対する支出を行う用意が高まっているのであれば、生産側もこのような人々の価値観の変化に対応しなければならない。生産側が、消費者側の価値観の変化に対応できる財・サービスを提供することに成功すれば、不況どころか、新しい形の経済発展が可能になるだろう。しかしこのとき、経済の生産サイドは大きな構造変化を遂げているであろう。つまり、物的な生産の比重は低下し、非物質的な生産の比重が大きくなる。物的な生産の場合でも、人々はその製品の物質的な意味での用途を評価するのではなく、その製品の持つデザイン性、快適性、あるいはそれが発信する思想・理念(コンセプト)に共鳴し、あるいはそれを評価して購入するのである。つまり、単に使いやすいという意味で物質的な満足を提供するだけでは、もはや消費者は評価せず、そこに込められた非物質的な価値を発信していくことで、ようやく彼らに評価されることになる。

「非物質的労働」論

以上の変化は、資本主義の生産システムに深遠な変化をもたらすことになるであろう。つまり、人々の嗜好の変化、消費構造の変化に対応して、生産のあり方や労働のあり方が変化し、やがて産業構造を変えていくと筆者は考える。というのは、消費者が要求する非物質的な価値、それがデザインに優れたものであれ、歴史的なものであれ、文化芸術性の高いものであれ、そのような価値を提供できる製品やサービスを作り出すには、これまでの工業社会における「ものづくり」の延長線上では対応できないからである。非物質的な価値を生み出すために必要なのは、「創造性」である。創造性をどう涵養し、それを生産過程で生かすのか。この点で参考になるのが、イタリアの思想家アントニオ・ネグリの「非物質的労働」に関する一連の論稿である。彼のいう非物質的労働とは、知的・コミュニケーション的・関係的・情動的な活動を指す。しかも非物質的労働は、それぞれの労働者によって孤立的に遂行されるのではなく、ネットワークを通して協働的な相互作用の形をとる点に特徴がある。つまり創造性は、ある特定の個人の頭の中から生み出されるのではなくて、労働が協働的に組織される関係の中で、コミュニケーションを通じて労働者の相互作用を機能させ、非物質的な価値を共同生産する中から生み出されてくる。このとき、「非物質的労働」のもう一つの重要な特徴が現れてくる。つまり、製品の価値にとって、もはや労働時間の長短は、本質的な要素ではなくなってしまうのである。これは、マルクスが剰余価値を労働時間の長短の観点から議論したのとは大きな相違である。価値の創出にとって重要なのは、知的活動やコミュニケーションから生まれた創造的なアイディアを、生産過程でどう表現し、それを物質的な形でどう具現化するのか、という点に求められる。つまり、ここでは労働時間の長短とは無関係な要素が決定的に重要になる。

さらにもう一つの重要な特徴は、アイディアは個別の労働者に還元できないという点である。つまり、このようなネットワーク型共同生産において、価値の創出はあくまでも協働的で相互依存的な形で行われる。したがって、その労働者本人の知識を育み、その知識を生産に活用するよう促す外部的な諸関係がきわめて重要になる。ここでいう外部的な諸関係とは、生産現場における人間関係だけを指しているのではない。労働者の創造性を高める知識や認識、さらに感性の獲得は、生産現場での活動だけでなく、彼らがその持ち場を離れて日常生活に戻っているときの活動にも大きく依存する。したがって、創造性は、彼らが持っている外部的な社会関係にも依存することになる。ネグリはこのことを、「共同的な外部経済」と呼んでいる。そして、このことがますます、生産現場における労働時間の長短を無意味にさせる。つまり、価値の創出は労働者が生産現場の外で日常生活を営んでいる瞬間にも行われている可能性があるのだ。

以上のネグリによる「非物質的労働」概念の展開は、イタリアにおける現実の生産・労働過程の変化に関する調査研究結果を反映したものであり、その意味で現実的基礎を持った概念である。そして、少なくとも今後の先進国における資本主義経済システムの未来を考える場合に、一つの有力な説明原理になっていくと筆者は考えている。実際、欧州では単に労働者をネットワーク的に組織して創造的な価値の共同生産を図るだけでなく、企業群を一つの地域でネットワーク的に結びつけることで、そのエリア全体を創造的な生産クラスターに育て上げ、上述のような消費構造の変化に対応しようとしている。

経済学にとっては、筆者が「資本主義の非物質主義的転回」と呼ぶ、生産と消費の両局面にわたる大きな構造変化が今後、生産と消費のパターンにどのような影響を与え、産業構造をどのように変えることになるのか、それがどのような景気循環を生み出すのか、そして、それがどのような分配構造を作り出していくのかという点に、分析上の新しい課題を見出していく必要があると考える。さらにいえば、我々の経済システムが究極的に目指すべき「持続可能な発展」(拙著『環境』参照)と、このような資本主義の非物質主義的転回がどのような関係を持つのかについても解明される必要があるだろう。こうして資本主義の非物質主義的転回が本格的に展開されることになれば、それは、ケインズが「わが孫たちの経済的可能性」で描いた一〇〇年後の世界が、彼が描いたのとは異なる形であれ実現しつつあることを意味しているのかもしれない。しかしそれは、彼が予測したように、人々が非経済目的により多くの時間、エネルギー、所得を注ぎ込むというよりも、非経済目的そのものが経済領域に取り込まれて、新しい経済問題が生み出されることを意味する。彼が「余暇」と呼んだ時間の過ごし方は、人々にとって非物質的な財・サービスを消費する時間にほかならないし、なによりも余暇の生活の仕方によっては、それが労働者の創造性を高める「人的資本への投資」のための時間になっていく可能性もある。ケインズによって、完全に経済領域の外として捉えられた余暇だが、資本主義の非物質主義的転回にともなって、こうして余暇も経済領域に「包摂」されることになる。それどころかネグリによれば、それは剰余価値創出の新しい形態であると同時に、「協働の搾取」という新しい搾取形態の誕生をも意味する。我々はケインズの言うように「経済問題から解放される」のではなく、資本主義の非物質主義的転回に添った形で、新しい経済問題に直面することになるのである。

四、経済学を学ぶ意味とは何か——読者への期待を込めて

経済学を学ぶ意味は、どこにあるのだろうか。最後に、本書をここまで読み進めてくれた読者に期待を込めて筆者の考えるところを以下三点に分けて、簡潔にまとめておきたい。まず第一に、経済学を学ぶことの最大の意味は、経済社会を定性的・定量的に分析できる鋭利な道具を身につけることができる点にある。実際、経済学をいったんマスターし、それを用いて社会を分析しようとしたとき、これほど鋭利な分析道具はほかにないと実感することになるだろう。また、難しそうな概念や数学、統計学を克服して経済学を修めれば、きっと後にその努力は大きく報われることになると思う。経済学は、純粋な経済理論だけでなく、労働経済学や公共経済学などいくつもの応用分野を持ち、それら応用領域では経済理論による現状分析、あるいは政策の効果分析が盛んに行われている。しかも、価格理論に基づいた定性分析だけでなく、計量経済学の手法を用いた定量分析も行われる。この結果、公共政策の各分野と経済学は密接な協力関係にあり、政策立案のための基礎科学としての役割を果たしている。また、アメリカや欧州では、社会に大きなインパクトを与える政策の導入には必ず、定量評価を事前に行ってそれを公表し、利害関係者のコメントを受けつけるこ

とになっている。ここでは経済学は、政府と利害関係者のコミュニケーション・ツールになっている。

このように、経済学を学ぶことは、我々の経済システムを徹底的に解剖してその設計図を手にすることを可能にし、問題が出ている場合にはそこをどう直せばいいのか、また、どういう政策手段を導入すれば、どれほどの治療効果を上げられるのか、といった問いに対して解答を与えることができるようになることを意味する。これがまさに、「経済学を学ぶ意味」にほかならない。

第二に、本書の読者には、経済学が持っている限界にも敏感であってほしいと考えている。本書第一章で議論したように、経済学は「パレート効率性」という唯一の評価基準に基づいて全理論体系を打ち立てているため、きわめて明快で強力な結論を引き出すことができる。しかし他方で、倫理、道徳、価値の問題は、経済学に内在的な形で取り扱われることはないという問題がある。我々の社会は効率性だけに立脚して組織することはできず、さまざまな社会経済問題を解決しようとすれば、そこには倫理、道徳、価値の問題が立ち現れ、そして何らかの形での公平性の観点を必ず取り扱わざるを得なくなる。経済学では、社会的にみてきわめて不平等な帰結が、「パレート効率性」概念の下で正当化される可能性すらある。経済学が公共政策に対して与える影響が大きくなっている今だからこそ、経済学が引き出した結論を、そのままストレートに社会経済問題の解決に適用することの効用と、その副作用に注意を払わなければならない。この点ではジョン・ロールズ、アマルティア・セン、日本では鈴村興太郎らの仕事に関心を持ってほしいと思う。

もっと言えば、読者には社会経済問題に対する熱い関心と、社会的な公平性や倫理への鋭い感覚(「温かい心(warm heart)」)を持ち、他方でそれを分析し、問題を解決するための手法として経済学を使いこなす「冷静な頭脳(cool head)」を併せ持つことを目指してほしい。その意味では、この点に関する筆者の経済学に関する考え方は、ピグーのそれ(本書七七―七八頁)と全く合致している。つまり、「理論のための理論」ではなく、「光明のための理論」こそが、筆者にとっての経済学を学ぶ意味である。

第三は、まさに本書全体を通じて読者に伝えたかった点、つまり、この社会をよりよく認識するための「概念装置」として経済学を学ぶことの重要性である。これについては、狭義の経済学を超えて、市場と国家の関係、自然と人為の体系、金融経済と実物経済の関係、経済主体の問題、そして動態的視点に分けて議論してきた。これらは、狭義の経済学だけを学んでいるだけではなかなか得られない視点だが、しかし、過去二五〇年の経済学の歴史の中では重要な問題点として共有されてきたテーマである。たしかに、価格理論をベースとする経済学は、鋭利な分析を可能にするが、広い視野と時間軸をもって社会を分析するには、それだけでは不十分である。逆に、歴史や思想(あるいは古典)を学ぶ意義は、我々が生きる現代を相対化し、現代を再認識させてくれる点にある。それらは、現在たまたま支配的な思想が、必ずしも、過去にも支配的だった、あるいは未来もそうあり続けるとは限らないことを認識させてくれる。逆に言えばこのことは我々が、「現状にとって代わるものは何もない」という諦観に陥らず、常にオールタナティブは可能だと発想し、新しい社会構想を提起していく上で、きわめて重要なインスピレーションと勇気を与えてくれる。そういう意味で、経済学を狭義の理論だけでなく、それを創り出してきた経済学者の思想、そして彼らが格闘したその時代の経済問題に関する歴史的知識を学んでおくことは、我々の経済分析をより実り豊かにすることにつながることは間違いない。

これとの関連で、本書が読者に伝えたかったもう一つの付加的なメッセージは、経済学にいま求められているのは、理論から理論を紡ぎ出すことではなく、現実との格闘の中から新しい理論を発展させていくことだ、という点である。経済学が現実の経済現象と切っても切り離せない関係にあるのだとすれば、現実と切り離された形で理論が自己完結性を持つのではなく、現実との緊張関係の下に常にそれは変化していくし、それでいてこそ理論は発展を遂げるのである。本書でみてきたように、過去の偉大な経済学者たちはいずれも、その時代の主要な経済問題と格闘することで、分析に有用で、政策的な指針を引き出すことが可能な普遍理論を開発してきた。このことは、経済学を学ぶ者は、現実の経済問題に対する深い関心を抱きながら、それをよりよく分析し、また問題を解決するための理論の開発を心がけていかなければならないことを意味する。

最後に、経済学を学ぶ者が必ず取り組むべきだと筆者が考えている現実の問題を挙げることで、本書を締めくくることにしたい。その第一は、「資本主義のグリーン化」をいかに推し進めるかという問題である。第二は、経済のグローバル化と国家の相対的弱体化、そして国家を超えるガバナンス様式の構築に関わる問題である。そして第三は、金融経済と実物経済の望ましい関係についてである。経済学に今後求められるのは、経済のグローバル化、金融経済の肥大化とその実物経済への悪影響、そして地球規模での環境問題の解決という、人類の生存に関わる大きな問題の原因を分析し、その解決策を政策として提示しながら、世界経済の持続可能な発展を可能にするような新しい経済社会のビジョンを打ち出すことである。

まず第一の課題についてだが、二一世紀の資本主義にとっての最大の挑戦が、その「グリーン化」であることは、もはや多言を要しない。「気候変動に関する政府間パネル（Intergovernmental Panel on Climate Change：ＩＰＣＣ）」第四次評価報告書（二〇〇七年）の科学的知見を尊重するならば、産業革命以来の全地球的な平均気温上昇を二℃までに抑える必要がある。それを超えると、不可逆的な気候変動問題が生じる蓋然性が高くなるからである。そのためには、二〇五〇年までに全世界で温室効果ガスの排出を半減しなければならない。この点については、現在徐々に国際合意が形成されつつある。しかし、途上国からの排出は今後も増えると見込まれるので、先進国はその排出増を相殺するためにも二〇五〇年までに八〇—九〇パーセントの排出削減を行う必要がある。そして、その中間段階として、二〇二〇年までに先進国は一九九〇年比で二五—四〇パーセントの排出削減を行うべきだとの議論が有力となっている。これらの排出削減目標を達成するのはきわめて困難にみえるが、しかしこの問題が今後、人類の生存を賭けた重要性をますます帯びていくことは間違いない。

このような野心的排出削減目標に対しては、「技術的に困難である」、あるいは「費用が高すぎて国民負担が大きすぎる」、さらに「産業に大きなダメージを与えることになる」などの反対論が強い。たしかに現在の産業構造、エネルギー供給構造、交通インフラのあり方、そして消費や生活様式のあり方を前提にすれば、上述のような排出削減目標の達成は絶望的にみえる。しかし、第二次世界大戦が終わった一九四五年の時点で、バブル真っ盛りの一九八五年の日本社会を想像しえた人が何人いただろうか。四〇年という期間は、十分に「長期」である。二〇一〇年の時点から四〇年後の二〇五〇年には、我々の現在の常識を超える社会変革が実現していても不思議ではない。現在の社会構造と我々の知見を前提として、野心的排出削減目標は不可能だと即断する拙速は控えるべきであろう。

アメリカのオバマ政権が打ち出した「グリーン・ニューディール」が狙いとしているのは、端的に言って「産業構造の転換」と「社会インフラの造り替え」である。ここでいう社会インフラとは、エネルギー・インフラと交通インフラである。エネルギー・インフラは、現在の「中央集権型・一方向指令型系統」から「分散型・双方向ネットワーク型系統」へと大きな変化を遂げるだろう。つまり、今のように地方に巨大な火力・原子力発電所を建設し、そこで発電した電力を、大規模送電線で大きな送電ロスをともないながら大都市に送り込むのではなく、将来的には風力、太陽光・熱、バイオマス、地熱、小水力などの小規模再生可能エネルギーをネットワーク型系統(スマートグリッド)でつなぎ、IT技術で電力需要を制御しつつ、相互に電力を融通しながら利用するようになると考えられる。後者は、大規模発電所や送電線が不要で、電力消費地の近くで発電するために、送電ロスがない点で前者よりも効率的であり、しかも温室効果ガスの排出を大幅に削減できるという点で圧倒的に有利である。さらに、蓄電池を積んだ電気自動車を系統につないで、自動車から電気を取り出したり、あるいは逆に、自動車に電気を送って充電させるという双方向のやり取りすら可能である。このような方向が、産業におけるさらなる省エネと相ともなって推進されれば、二〇世紀型の化石燃料依存文明からの脱却も夢ではなくなる。

交通インフラに関しても、現在のガソリン車から、ハイブリッド車を経てプラグイン・ハイブリッド車、そして電気自動車へ、あるいは燃料電池車や水素自動車へと転換が進むだろう。それにともなってやはりエネルギー供給部門や産業部門と並んで化石燃料を大量消費する運輸部門からの温室効果ガス排出は、激減することになる。そして、これら新しいタイプの自動車が公道を走行できるようなインフラ(急速充電設備、水素ステーション等)が今後、整備されていくことになると考えられる。同時に、都市部では路面電車の整備も進んでいくだろう。日本ではかつて、自動車の邪魔だということで路面電車が廃止されたが、逆に人口減少社会に適合的な都市構造として「コンパクトシティ」を目指す都市が増えていき、その中核的なインフラとして路面電車(ライトレール)の有用性が今後見直されることになるだろう。こうして交通インフラも、ガソリン自動車中心の二〇世紀型から大きな転換を遂げることになる。

このような「社会インフラの造り替え」は、産業構造をも転換させることになるだろう。新しいインフラには新しい構成要素が必要であり、需要はそのような新しい構成要素を生産できる産業にシフトしていくからである。さらに、低炭素社会化へ向けたさまざまな規制が、既存の産業構造を大きく変えていき、「資本主義の非物質的転回」と相まって、四〇年後の日本におけるリーディング産業の姿を一変させているだろうと思われる。このような「産業構造転換」と「社会インフラの造り替え」を遂行する上で、四〇年という期間は、十分な時間的猶予を我々に与えてくれる。既存のインフラと産業構造を前提とせざるを得ない「短期」では、たしかに野心的排出削減目標の達成は困難に思えるが、両者が可能となる「長期」では、十分達成可能だと考えてよい。

問題は、そのような低炭素社会へ向けてどのようにして移行していくのか、その戦略を産業構造のあり方、社会インフラのあり方とともに描くことである。このような構造変化は、生産や消費のパターン、雇用のあり方、所得分配等に大きな影響を与える。それをいかにスムーズに成し遂げるかという課題に、経済学的知見は寄与すべきである。二〇〇九年六月に発表された、日本の中期目標（二〇二〇年に二〇〇五年比一五パーセント減〔一九九〇年比八パーセント減〕）の策定過程では残念ながら、野心的削減目標がいかに大きな国民負担を招くのか、そしてそれが、産業の国際競争力をいかに弱体化させるのかという論点を強調するために、経済学的知見が用いられた。しかし、これらの経済モデルは、上述のような構造変化を組み込んでいない。したがって、本質的に「短期」の分析である。しかし、二〇五〇年までの「長期」を見据えずに、このような短期的視点に基づいて政策決定を下すことは、投資の方向性に対して誤ったシグナルを発することになり、日本の将来に大きな禍根を残すことになるであろう。

アメリカは、すでに下院で可決され、現在は上院で審議されている「ワクスマン・マーキー法案」で二〇五〇年には二〇〇五年比で温室効果ガスの排出を八三パーセント削減することを明記し、それまでの移行スケジュールを法案に書き込んでいる。もちろんその実現は、アメリカにとって簡単ではない。しかし本法案を読めば、アメリカがこの野心的排出削減目標をどういう手段で達成し、その過程で起こりうる社会的摩擦をどのようにして和らげながら社会変革を進めようとしているのかがよく分かる。つまり、一方で排出量取引制度の導入で産業に排出削減への経済的インセンティブを与えながら、他方でその排出枠売却収入によって、衰退する既存産業で失業した労働者に職業教育・訓練を施すことで、新しく立ち上がってくる環境産業への移行を促したり、燃料価格の高騰によって影響を受けやすい所得者への再分配を行うといったプログラムを含んでいるのである。

この法案をめぐってはすでに、連邦環境保護庁(Environmental Protection Agency : EPA)による定量的影響評価が行われ、結果が公表されている。これは、この法案が導入されれば成長率、温室効果ガス排出量、電源構成、燃料価格、消費パターン、排出削減費用、そして所得分配にどのような影響を及ぼすかを明らかにしている。このような研究結果は、野心的排出削減目標を達成できるような社会的変革を遂行する場合に、それがもたらす社会的インパクトを見極め、移行過程で生じうる問題を解決できるような方策をあらかじめ組み込む上で、きわめて有用である。経済学的知見は、日本の中目標策定過程のように、まるで歴史の歯車を逆回転させるかのような産業界の主張を正当化する論拠としてではなく、このように、「資本主義のグリーン化」と、そのための社会変革を支える科学的基盤として積極的な役割を果たしていくべきであろう。

最後に第二および第三の課題について議論することで、本章の結論としたい。これまで議論してきたように、経済のグローバル化は今後もかなりの長期にわたって、資本主義経済システムの蓄積様式を規定していく根本要因であり続けると思われる。それにともなって、貧困、失業、そして格差の拡大など、資本主義の本性に関わる古典的な問題が改めて顕在化してくる可能性が高いことを、見据える必要がある。そしてなによりも、金融のあり方が再考されねばならない。「金融のための金融」ではなく、シュンペーターが論じたように、産業の創造的な活動を支援するための金融の本来的なあり方を再興することは可能だろうか。実物経済を大きく翻弄する金融経済は、失業、生産の低下、貧困と格差の拡大という形でいわば「社会的費用」を生み出しつつある。したがって、これら社会的費用を内部化するための、金融に対する規制の枠組みを再構築することによって、新たな「人為の体系」を形成する必要があろう。しかし問題は、グローバル経済下では、各国政府がかつてのような形で資本規制を敷きながら、国内で完全雇用を実現するべく裁量的な財政金融政策を実施することが困難になっている点に求めることができる。したがって、いま求められているのは、経済のグローバル化に対応した、ある種の「国家のグローバル化」である。それは、欧州連合のように超国家組織の設立かもしれないし、国際機関の強化と、その下での多国間ネットワークの構築かもしれない。いずれにせよ、現在の国民国家の枠組みを超えるグローバルな公的枠組みを創出していく努力が必要である。その下で、資本規制をグローバルなレベルで実行可能にする仕組みを創出すべきである。一九九二年の気候変動枠組み条約、一九九七年の京都議定書、そして二〇〇九年のコペンハーゲンでの次期国際枠組み決定という形で着実に歩んできた気候変動に関する国際枠組みは、その成功例として金融の国際枠組みにも応用可能だろう。

金融規制の再強化に関する議論が国際的にも盛んになっているが、先に言及した、国連の「スティグリッツ委員会」による報告書は、㈠(とりわけ途上国への)新しい信用供与制度の創設、㈡ドル基軸通貨制度に代わる新しい国際準備通貨制度の創設、㈢各国の利害をより公平に反映する「世界経済理事会」の創設、という斬新な提案を行った。ここでは、三点目に注目する必要がある。つまり、「国家のグローバル化」は必然的に、「ガバナンスのグローバル化」をも要請するからである。つまり、国家がグローバル化すれば、これまで国民国家の下で形成されてきた民主主義の仕組みがグローバル・レベルでは機能しなくなってしまう。上記の「世界経済理事会」はあくまでも世界のあらゆる国々の公平な反映を目指すものだが、それだけでなく、グローバル化した国家の意思決定過程で、市民社会の民意をいかに反映させるかは、大きな挑戦的課題になる。

世界が不況の底に沈む今こそ、これまでの常識にとらわれないあらゆるアイディアを出し合い、社会の再構築を図るべきである。かつてケインズがそうしたように、経済学からもこのような歴史的課題に寄与すべく、「温かい心」を持って「冷静な頭脳」による理論分析と、それに基づく建設的な政策提言が行われるべきであろう。経済システムの究極の目的は、単なる効率性の向上ではなく、人々の福祉水準を高めること、つまり、人々を幸せにすることにあるのだから。

五、経済学を学ぶために何を読むべきか

本章では、以上の章で検討対象となった経済学者たちのテキストとそれに関連する文献を挙げることにしたい。

一、社会認識の学としての経済学

本書では、現在、全国の大学経済学部で教えられているミクロ経済学やマクロ経済学の内容については ほとんど言及しなかったが、これらについて初級および中級の良書を挙げておくことにしたい。まず、ミクロ経済学では**伊藤元重『ミクロ経済学 第二版』**(日本評論社、二〇〇三年)が、豊富な内容をコンパクトにまとめており、もっとも広く用いられているテキストである。また、ゲーム理論に重点を置いた、初級から中級向けのミクロのテキストとしては、**梶井厚志、松井彰彦『ミクロ経済学——戦略的アプローチ』**(日本評論社、二〇〇〇年)をお勧めしたい。中級向けとしては、**武隈愼一『ミクロ経済学 増補版』**(新世社、一九九九年)がもっとも定評があるが、これには微分等の知識が必要になる。

次にマクロ経済学では、学部初級として福田慎一、照山博司『マクロ経済学・入門 第三版』(有斐閣、二〇〇五年)を、学部中級ではグレゴリー・マンキュー『マクロ経済学 第二版』全二冊(足立英之ほか訳、東洋経済新報社、二〇〇三―〇四年)とオリヴィエ・ブランシャール『マクロ経済学』全二冊(鴇田忠彦ほか訳、東洋経済新報社、一九九九―二〇〇〇年)をお勧めしたい。福田、照山のものは日本経済の話もいろいろ含まれているので取っつきやすく、マンキューのものは、現在おそらく世界でもっともよく使われている学部レベルのマクロ経済学教科書である。ブランシャールのものは、学部レベルの教科書としては扱っているトピックスが多様で、エピソードもアメリカに偏っておらずバランスが取れている。

もっとも筆者は、学部時代にミクロ経済学やマクロ経済学を学びながらもそれに飽き足らず、経済学が立脚している前提そのものを問い直したり、それが科学として持っている特質や、あるいは、経済学が持っている限界をどうすれば乗り越えていけるのかという問題意識を持って、さまよいながら読書をしていた時期がある。その頃に出会って大きな影響を受けたのが、宇沢弘文『近代経済学の再検討――批判的展望』(岩波新書、一九七七年)、佐和隆光『経済学とは何だろうか』(岩波新書、一九八二年)、森嶋通夫『思想としての近代経済学』(岩波新書、一九九四年)の三冊であった。

二、経済学はどのようにして生まれたのか

そのような中で、現代経済学だけでなく経済学の歴史を過去に遡って読み進めていくことが面白

くなった。結果として、本書で取り上げた経済学者たちのテキストを順番に読んでいくことになり、徐々に引き込まれていったが、この点ではその手引きとして、ギリシャ＝ローマの経済思想の記述から始める**ヨーゼフ・シュムペーター『経済分析の歴史』**全七冊（東畑精一訳、岩波書店、一九五五―六二年）を挙げておくが、彼の博覧強記ぶりには本当に驚かされる。

さて、**ケネー『経済表――原表第三版所収版』**（平田清明、井上泰夫訳、岩波書店、一九九〇年）は押しも押されもせぬ古典だが、**島恭彦『近世租税思想史』**（有斐閣、一九三八年〔『島恭彦著作集第一巻 財政思想史』有斐閣、一九八二年〕）は、ケネーとその時代の経済・財政思想を取り扱った、一九三八年に書かれたとは思えないほど、今なお若々しい作品である。

経済学に関心を持ったからには、一度は親しんでほしいのが**アダム・スミス**だが、スミスの**『国富論』**全四冊（水田洋監訳、杉山忠平訳、岩波文庫）は非常に読みやすい訳本である。しかし、筆者が学生時代に読んだのは**『諸国民の富』**全五冊（大内兵衛、松川七郎訳、岩波文庫）であり、本書の引用テキストとしても用いているが、こちらも決して悪くない。また、スミスの思想の全体像を理解するには、やはり**『道徳感情論』**全二冊（水田洋訳、岩波文庫）と**『グラスゴウ大学講義』**（高島善哉、水田洋訳、日本評論社、一九四七年）をあわせて読んでおくことが望ましいが、**堂目卓生『アダム・スミス――『道徳感情論』と『国富論』の世界』**（中公新書、二〇〇八年）は、そのような観点からのスミス理解を助けてくれる、大変興味深い著作である。さらに、評価の高いスミスの評伝として、**イアン・ロス『アダム・スミス伝』**（篠原久、只腰親和、松原慶子訳、シュプリンガー・フェアラーク東京、二〇〇〇年)を挙げておきたい。かつて、日本のアダム・スミス研究の水準は世界的にみても非常に高いといわれていたが、それを担った**水田洋**(『**アダム・スミス研究　新装版**』(未来社、二〇〇五年))、**小林昇**(『**小林昇経済学史著作集第一・二巻　国富論研究一・二**』(未来社、一九七六年))、そして内田義彦らの著作を検討することは、今なお意義の大きいことだと思われる。

古典派経済学における理論的到達点である**リカード**の主要著作は、本書でも検討した『**経済学および課税の原理**』全二冊(羽鳥卓也、吉澤芳樹訳、岩波文庫)である。そして、そして古典派経済学の最大の批判者として現れたのが**マルクス**であり、『**資本論**』全九冊(エンゲルス編、向坂逸郎訳、岩波文庫)に基づくその資本主義分析から、現代なお学ぶべきところは大きいと筆者は考えている。その理解はしかし、簡単ではない。そこで、『**資本論体系**』全一一冊(服部文男、佐藤金三郎編、有斐閣、二〇〇〇―〇一年)を、その解説書として推薦しておきたい。どの巻も「原典解説」、「論点」、「研究と論争」の三部構成となっており、便利である。『資本論』でなされた分析の数理経済学的解釈に興味を持たれる読者には、**置塩信雄**『**経済学全集七　蓄積論　第二版**』(筑摩書房、一九七六年)、**森嶋通夫、ジョージ・カテフォレス**『**価値・搾取・成長――現代の経済理論からみたマルクス**』(高須賀義博、池尾和人訳、創文社、一九八〇年)を勧める。

これら古典派経済学からマルクスの『資本論』までを幅広く論じ、さらに日本の経済思想についての味わい深い考察まで手がけて一世を風靡した**内田義彦**『**内田義彦著作集**』全一〇巻補巻一(岩波書店、一九八八—二〇〇二年）は、日本の経済学における「経済学史」の占める地位がきわめて高く、その存在が輝いていた時代の記念碑的作品である。本書との関連では、とりわけ**第一巻「経済学の生誕／考えてきたこと、考えること」**、**第二巻「経済学史講義」**、**第四巻「社会認識の歩み／資本論の世界」**、**第九巻「読書と社会科学／学問のよもやまばなし」**をお勧めしておきたい。

ピグーについては、**『厚生経済学』**全四冊（気賀健三、千種義人ほか訳、東洋経済新報社、一九五三—五五年）、ケインズについては、**『ケインズ全集第四巻 貨幣改革論』**（中内恒夫訳、東洋経済新報社、一九七八年）、**『ケインズ全集第七巻 雇用・利子および貨幣の一般理論』**（塩野谷祐一訳、東洋経済新報社、一九八三年）、**『ケインズ全集第九巻 説得論集』**（宮崎義一訳、東洋経済新報社、一九八一年）を挙げておきたい。本書で彼らの経済思想を取り扱う際に用いたテキストは、基本的にすべて右記書物に収められている。

ケインズの経済学の理解については、**宮崎義一・伊東光晴『コンメンタール ケインズ／一般理論 第三版』**（日本評論社、一九七四年）、**伊東光晴『現代に生きるケインズ——モラル・サイエンスとしての経済理論』**（岩波新書、二〇〇六年）、**『ケインズ——〝新しい経済学〟の誕生』**（岩波新書、一九六二年）、**『ケインズ』**（講談社学術文庫、一九九三年）、**宮崎義一『近代経済学の史的展開——「ケインズ革命」以後の現代資本主義像』**（有斐閣、一九六七年）、**平井俊顕『ケインズ研究——『貨幣論』から『一般理論』へ』**（東京大学出版会、一九八七年）、**『ケインズとケンブリッジ的世界——市場社会観と経済学』**（ミネルヴァ書房、二〇〇七年）、**『ケインズの理論——複合的視座からの研究』**（東京大学出版会、二〇〇三年)、伊藤邦武『ケインズの哲学』(岩波書店、一九九九年)をお勧めしたい。

それにしてもケインズはきわめて多彩な人物である。経済学者としての魅力に加えて人間として非常に多面的な魅力を持つこの人物をより深く理解しておくことは、彼の経済学のよりよい理解につながるだろう。ロイ・ハロッド『ケインズ伝』全二冊(塩野谷九十九訳、東洋経済新報社、一九六七年)、ロバート・スキデルスキー『ジョン・メイナード・ケインズ』全二冊(宮崎義一監訳、古屋隆訳、東洋経済新報社、一九八七・九二年)、ジル・ドスタレール『ケインズの闘い——哲学・政治・経済学・芸術』(鍋島直樹、小峯敦監訳、藤原書店、二〇〇八年)を、彼の評伝として挙げておきたい。また、ケインズの経済思想の重要な側面として本書が強調した点については、さらに岩本武和『ケインズと世界経済』(岩波書店、一九九九年)、ハイマン・ミンスキー『金融不安定性の経済学——歴史・理論・政策』(吉野紀、浅田統一郎、内田和男訳、多賀出版、一九八九年)で深めることができる。

シュムペーターについては、『経済発展の理論』全二冊(塩野谷祐一、中山伊知郎、東畑精一訳、岩波文庫)が不朽の名著だが、彼の経済思想をその時代背景とともに描き出した伊東光晴、根井雅弘『シュンペーター——孤高の経済学者』(岩波新書、一九九三年)も好著である。

本書は、第二次世界大戦後の経済学者の思想については取り扱っていない。それを補うものとして、根井雅弘『新版 現代イギリス経済学の群像——正統から異端へ』(岩波書店、一九九五年)、『現代アメリカ経済学——その栄光と苦悩』(岩波書店、一九九二年)、ウィリアム・ブレイト、ロジャー・W・スペンサー編『経済学を変えた七人——栄光のノーベル経済学賞受賞者』(佐藤隆三、小川春男、須賀晃一訳、勁草書房、一九八八年)、**M・シェンバーグ編『現代経済学の巨星——自らが語る人生哲学』**全二冊(都留重人監訳、岩波書店、一九九四年)を挙げておこう。

三、経済学の未来はどうなるのか

国際通貨システムについては、さまざまな出版がなされているが、**山本栄治『国際通貨システム』**(岩波書店、一九九七年)はその時代時代の通貨システムの意義が分かりやすくまとめられている。**宮崎義一『複合不況——ポスト・バブルの処方箋を求めて』**(中公新書、一九九二年)は、ケインズの経済思想の深い理解者であるからこそ可能になったバブル崩壊後の日本における新しいタイプの(金融主導型)不況の分析として、ベストセラーとなった好著である。本書では十分展開する紙幅がなかったが、国境を越える資本移動に対する規制手段として、ノーベル経済学賞を受賞したトービンの名を冠した「トービン税」を課すという方法がありうる。この点について興味を持たれる読者は、**拙稿「金融のグローバル化とトービン税」**(『現代思想 特集:税の思想——ポストモダンの税制』二〇〇二年一二月号)を当たっていただければ幸いである。

四、経済学を学ぶ意味とは何か

経済学では十分に検討されない倫理、道徳、価値、あるいは公平性の問題については、ジョン・ロールズ**『正義論』**(矢島鈞次監訳、紀伊國屋書店、一九七九年)、アマルティア・セン**『福祉の経済学**

――財と潜在能力』(鈴村興太郎訳、岩波書店、一九八八年)、『不平等の再検討――潜在能力と自由』(池本幸生、野上裕生、佐藤仁訳、岩波書店、一九九九年)をぜひ参照していただきたい。また、奥野正寛、鈴村興太郎『ミクロ経済学Ⅱ』(岩波書店、一九八八年)の第六部「市場の失敗と厚生経済学」は、これらの問題をあくまでも経済学の課題として引き受け、徹底して考える場合の非常によい手引きとなるだろう。

そして、「非物質的労働」について粘り強い思考を展開しているアントニオ・ネグリの思想は、マイケル・ハートとの共著『帝国――グローバル化の世界秩序とマルチチュードの可能性』(水嶋一憲、酒井隆史、浜邦彦、吉田俊実訳、以文社、二〇〇三年)、および『〈帝国〉をめぐる五つの講義』(小原耕一、吉沢明訳、青土社、二〇〇四年)で知ることができる。

最後に、我々が究極的に目指すべき「持続可能な発展」の姿について検討することは、経済学にとっての大きな挑戦である。筆者は一人でも多くの読者がこの課題を共有してくれることを望んでいる。この点について、残念ながら本書では十分展開できなかったが、関心を持たれる読者のために、パーサ・ダスグプタ『サステイナビリティの経済学――人間の福祉と自然環境』(植田和弘監訳、岩波書店、二〇〇七年)、『一冊でわかる　経済学』(植田和弘、山口臨太郎、中村裕子訳、岩波書店、二〇〇八年)、そして拙著『思考のフロンティア　環境』(岩波書店、二〇〇三年)を挙げておこう。

おわりに

本書は結局、現代の経済学についてというよりも、過去の偉大な経済学者たちの思想を振り返りながら、現代経済学は本来、何を問うべきなのかを議論するというスタイルをとることになった。大学では財政学や地方財政論を担当し、環境経済学研究を専門として手がけ、必ずしも経済理論の専門家ではない筆者が「経済学とは何か」を語るにはしかし、この方法が最適であった。本書が現代経済学の最先端を踏まえて、その内在的な視点から経済学のあり方を再検討するという方法を取らず、歴史と思想からアプローチするという迂回的な方法を取ったことには異論があるかもしれない。しかし、経済学には属するけれども、現代経済理論のフロンティアからは距離を置いて、政策論の領域で仕事をしている筆者のような観点から経済学を語ることで、経済理論の専門家とは異なった視点を打ち出せるはずだと信じて本書を執筆してきた。

とはいえ、筆者は学部で初めて経済学を学んだときから、大学で講義されている経済学の内容だけでなく、そもそも学問としての経済学のあり方自体に関心を持ち、その科学としての性格づけやその理論体系の歴史的な変遷に関心を持って読書を進めていた。第五章で紹介した文献は、そのような過程で出会った文献のうち、筆者がもっとも親しみ、そして重要なものだと考えているものにほかならない。筆者の現在の専門とは必ずしも関係のない、いわば「彷徨い」とでもいえるこの過程で学んだことは、けっきょく間接的に何らかの形で現在の筆者の研究を支えることになっている。

もっとも、この過程で、学部時代に次の二人の先生に出会っていなければ、この過程も本当に「彷徨い」となって終わっていたであろう。第一の先生は、同志社大学経済学部におけるゼミの恩師である篠原総一先生である。篠原先生のミクロ経済学の講義は本当に明快で、学生の興味関心をそそるものであった。マクロ経済学は他の先生の担当講義だったが聞いてもよく分からず、結局、篠原先生がマクロ経済学を担当された学期に単位と関係なくわざわざ聞きに行き、ようやく霧が晴れて納得した思い出がある。ゼミに入れてもらっても平凡な学生だった筆者だが、先述のように彷徨っており、ドイツに留学するなどして、しっかりと経済学を勉強していない筆者が大学院に行きたいと言い出したのを見るに見かねて、先生は、他の大学院志望者とともに筆者を呼んで、ミクロ経済学とマクロ経済学の特別なトレーニングを、通常の講義時間以外に設けてくださったのである。これがなければ今頃、どうなっていたことか……。ケインズの経済理論の特質を、古典派との鋭い対比において理解していくという方法は、このときに篠原先生から学んだものである。

もう一人の先生は、大阪市立大学名誉教授の宮本憲一先生である。岩波新書の『恐るべき公害』や『日本の公害』を読んで先生の名前を知っていた筆者は、ある日、大阪市立大学商学部に進学した高校時代の同級生に再会して、彼が宮本ゼミに入ったことを知った。と同時に、宮本先生がゼミの説明会で「これまでゼミに学外からの入ゼミ希望者があった場合には、一定の条件のもとに彼らを受け入れてきた」と語っておられたので、君も参加してみないかと彼に誘われた。結局、宮本先生を訪ねて、学外者としての入ゼミを特別に許可していただくことになるのだが、筆者がそうしようと考える決め手になったのは、宮本ゼミでちょうどその年度は、先生のご専門の環境問題や都市問題ではなく、なんとアダム・スミス『諸国民の富』(大内・松川訳)を輪読することになると聞いたからである。上述のように、一人で経済学の古典の世界を彷徨っていた筆者にとって、素晴らしい先生の手引きで他のゼミ生たちとともに議論しながら古典を読めるのは、願ってもない機会であった。それにしても、環境問題や都市問題の専門家である宮本先生がなぜ、アダム・スミスなのかと思ったが、先生は、実は学生時代は名古屋大学で水田洋先生のゼミに所属し、そこで最高水準のスミス学の手ほどきを受けていたのであった。しかし、それは後でわかったことである。いずれにせよ、思い切って宮本ゼミの門を叩いたことで、経済学の古典を学んでいくうえでも適切な導きを受けることができたことは、筆者にとって本当に救いとなった。

さて、最後に謝辞を捧げるべき人々の名を挙げておきたい。まずは、京都大学大学院経済学研究科の同僚の先生方には、ますます多忙化する大学の中で、日々の業務をこなしながらも我々が研究を継続できる環境の確保に向けてさまざまな努力を払われている点に謝意を表したい。また、筆者の研究をよく理解してくださり、財政学と環境経済学の発展とその後進の育成に熱心に取り組んでおられる植田和弘先生、さらに、本書の文献案内を作成するにあたって相談させていただき、適切な助言を与えてくださった宇高淳郎先生と遊喜一洋先生にも御礼申し上げたい。

そして、筆者の前の職場である横浜国立大学経済学部から、現在の職場である京都大学経済学部に至るまで、歴代の諸富ゼミ生にも感謝をしたい。彼らがゼミに入ってきたときにはまず、経済学の古典の輪読を課している。環境や財政に関心を持ってゼミに入ってきたのに、なぜかと彼らは訝しげに感じるかもしれないが、その理由はこれまでに述べてきたとおりである。本書はテキストの輪読を通じた彼らとの対話の成果でもあり、決して簡単ではないかもしれないが、彼らの顔を念頭に置きながら、経済学の前提知識が全く無くても理解できるように書いたつもりである。

それから、私事にわたって恐縮だが、私の研究生活を支えてくれている妻の知子、そして二歳になる娘の雛子にも、心より感謝の意を伝えたい。

最後になるが、本書執筆に当たっては前著『思考のフロンティア　環境』に引き続いて、岩波書店編集部の坂本政謙氏にお世話になった。今回は、他の仕事の合間を縫っての執筆となり、前著のように順調に執筆が進まず、予定より遅れての刊行となってしまったことをお詫びしなければならない。しかし、坂本さんに声をかけられなかったらどこにも表現する機会がなかったであろう、筆者の経済学に関する考え方を、こうしてまとまった形で公表するチャンスをつくってくださったことを嬉しく思う。いつも高めの要求をしてくる坂本さんのリクエストに応えるべく努力をすることで、筆者も鍛えられているような気がする。「今後も鍛えてください」と坂本さんにエールを送って、本書を締めくくることにしたい。

諸富 徹

1968年生まれ．京都大学大学院経済学研究科修了．京都大学博士(経済学)．現在，京都大学大学院経済学研究科教授．
著書に『環境税の理論と実際』(有斐閣，2000年)，『思考のフロンティア 環境』(岩波書店，2003年)，『資本主義の新しい形』(岩波書店，2020年)，『グローバル・タックス――国境を超える課税権力』(岩波新書，2020年)，『税という社会の仕組み』(ちくまプリマー新書，2024年)，『税と社会保障――少子化対策の財源はどうあるべきか』(平凡社新書，2024年)，『環境・福祉政策が生み出す新しい経済――"惑星の限界"への処方箋』(共編著，岩波書店，2023年)など．

ヒューマニティーズ
経済学

2009年9月29日 第1刷発行
2025年2月25日 第6刷発行

著 者 諸《もろ》富《とみ》 徹《とおる》

発行者 坂本政謙

発行所 株式会社 岩波書店
〒101-8002 東京都千代田区一ツ橋2-5-5
電話案内 03-5210-4000
https://www.iwanami.co.jp/

印刷・三陽社 カバー・半七印刷 製本・中永製本

© Toru Morotomi 2009
ISBN 978-4-00-028325-0 Printed in Japan

環境・福祉政策が生み出す新しい経済
―“惑星の限界”への処方箋―
駒村康平編著
諸富徹
全労済協会編
四六判二八〇頁
定価二七五〇円

グローバル・タックス
―国境を超える課税権力―
諸富徹
岩波新書
定価九〇二円

資本主義の新しい形
諸富徹
四六判二七〇頁
定価二八六〇円

〈ヒューマニティーズ〉教育学
広田照幸
B6判一五八頁
定価一五四〇円

〈ヒューマニティーズ〉法学
中山竜一
B6判一三八頁
定価一六五〇円

岩波書店刊

定価は消費税 10% 込です
2025 年 2 月現在